Unser Liederbuch für die Grundschule

Regenbogen

Herausgegeben von
Sonja Hoffmann, Dresden
Ursula Klühe, Neubrandenburg
Ralf Roth, Erfurt
Elke Wolf, Köthen

Grafische Gestaltung:
Eva Raupp Schliemann
Textgrafische Gestaltung:
Dieter Gebhardt

Elna John
Plattenthalstr. 3
09456 Annaberg-Buchholz

Ernst Klett Schulbuchverlag
Stuttgart Düsseldorf Berlin Leipzig

Inhalt

K = *Kanon*
G = *Gedicht*

Alle Jahre wieder 33
Alle Vögel sind schon da 83
Allein kann keiner diese Sachen (K) 12
Als ich einmal reiste 44
Als wir noch in der Wiege lagen (K) 41
Am Abend geistern Schatten 134
Am Bahndamm wohnt der Regenmann . 13
An der Saale hellem Strande 45
Auf der Mauer 120
Auf, du junger Wandersmann 42
Auf einem Baum ein Kuckuck saß 84
Aus grauer Städte Mauern 43
Bald nun ist Weihnachtszeit 32
Bitte, gib mir doch ein Zuckerstückchen 87
Blumen hab ich mir bestellt 93
Brennt die Sonne Staub und Steine 70
Da steht der Zauberer Schrappelschrut 132
Das Auto von Lucio 118
Das Feuer (G) 48
Der alte Bär 85
Der Hahn ist tot (K) 84
Der Igel wohnt unterm Reisighügel 89
Der Jäger längs dem Weiher ging 128
Der Kuckuck und der Esel 80
Der Mond ist aufgegangen 62
Der Mond ist so rund 63
Der Müller hat ein Mühlenhaus 123
Der Sonnenschein und die Beeren fein . 92
Dicker Bär und Dünner Adler 51
Die Angst vor Streit und Haß 23
Die Bäume, sie wiegen sich im Wind 91
Die kleinen Weidenkätzchen 66
Die Motorsäge 21
Die Vögel wollten Hochzeit halten 83
Die zwei Wurzeln (Gedicht) 21
Ding dong (K) 35
Ding, dong, digidigidong (K) 84
Drei kleine Quallen 88
Du bist du 6
Dubi dubi dubi du 119
Durch Sträucher und Dornen 50
Ei, so tanzt der Hansel 107
Ein Nasenhuhn 16
Ein Traktor kommt (G) 56
Einigkeit und Recht und Freiheit 136

Erst kamen die Tiere 124
Es führt über den Main 99
Es geht eine Brücke 94
Es lebte einst der Zauberer Korinthe ... 133
Es schneit, es schneit 75
Es sitzen drei kleine Eulen 81
Es tönen die Lieder (K) 67
Es war einmal ein brauner Bär (K) 79
Es wollen zwei auf Reisen gehn 71
Esel fressen Nesseln nicht (K) 117
Fing mir eine Mücke heut 112
Flackerndes Feuer 49
Frühlingsblumen-Ostereier (G) 38
Geh weg, du 102
Gib mir die Hand 27
Grüß Gott, du schöner Maien 69
Guten Morgen, guten Morgen (K) 60
Guter alter Schimmel 87
Haben Engel wir vernommen 37
Halli-Hallo-Halunken 126
Hallo, nun macht die Strecke frei 53
Hambani kahle 27
Hei, die Pfeifen klingen 100
Hei, wir alle tanzen 104
Hej, hello, bonjour (K) 26
Hejo, spann den Wagen an (K) 72
Heut ist ein Fest bei den Fröschen (K) . 80
Heute kann es regnen 28
Heute tanzen alle 106
Hört im Dorf die Flöte klingen 100
Hummeln summen 68
Hundertzwei Gespensterchen 134
Ich bin der Postillion 55
Ich bin Müllschlucker Paul 19
Ich fahr mit der Post 55
Ich geh durch einen grasgrünen Wald .. 46
Ich geh mit meiner Laterne 30
Ich hab zu Hause einen Aal 113
Ich male ein Bild 76
Ich muß jetzt weit von Texas 50
Ich schenk dir einen Regenbogen 29
Ich weiß ein Kätzchen wundernett 81
Ihr Blätter, wollt ihr tanzen 73
Im Frühtau zu Berge 43
Im Land der Blaukarierten 17
Im Märzen der Bauer 57
Im Urwald, Forschern unbekannt 127
Im Walde, da wachsen die Beern 92
Im Walde von Toulouse 130

Imse Wimse Spinne 85	Sieben Schwalben 73
In einem stillen Grunde 20	Sind die Lichter angezündet 34
In meinem Garten, da steht 'ne Rübe 10	Tanze, blauer Luftballon 31
In San Juan 109	Tiggiditagg, der Tausendfüßler 111
In unserm Wald 47	Trara, die Post ist da 54
Ist mein Hemd nicht da 131	Trarira, der Sommer, der ist da 70
Janosch will nach Buda reiten 86	Trat ich heute vor die Türe 106
Januar, Februar, März 64	Und der Bauer pflügt am Wegesrand 57
Jetzt fängt das schöne Frühjahr an 68	Und regnet's mir zum Dach herein 95
Jetzt fahrn wir übern See 121	Wachet auf, es krähte der Hahn (K) 59
Jetzt übe ich Gespenst zu sein 135	Warum spielt denn keiner 14
Josef, lieber Josef mein 37	Was bin ich für ein dicker fetter 114
Juchhe, juchhe der erste Schnee 74	Was soll das bedeuten 36
Kein schöner Land 63	Was wird aus unsrem Auto 18
Kennt ihr schon Avignon 98	Wee ya hay ya (Blumentanz) 51
Kinder, kommt und ratet 30	Wenn der Elefant in die Disco geht 110
Kleine Lerche 122	Wenn der frische Herbstwind weht 31
Komm, lieber Mai 69	Wenn die Nachtigallen schlagen 82
Kommt mit zur Bahnhofsbrücke 52	Wenn die Sonne ihre Strahlen 61
Kommt und laßt uns tanzen (K) 97	Wenn ich glücklich bin 9
Kookaburra (K) 82	Werft 'nen Heller 107
Kuckuck, Kuckuck 66	Widewidewenne 122
Laß doch den Kopf nicht hängen 8	Wir (G) 12
Lauf, mein Pferdchen 86	Wir hassen die Sorgen 65
Leer sind die Felder 72	Wir sind die wohlbekannten 129
Leise ein Windhauch 62	Wir tanzen Labada 102
Leute habt ihr schon einmal probiert ... 108	Wo ist das bunte Schleifenband 39
Limu limu leimen 94	Zur Begrüßung nur für euch 26
Löwenzahn, Löwenzahn 93	Zwischen Berg und tiefem Tal 89
Manchmal denke ich mir irgendwas (G) . 7	
Mein Baum war einmal klein 90	
Mein Hut, der hat drei Ecken 121	
Meister Jakob (K) 60	
Morgen, Kinder, wird's was geben 33	
Musikanten, ihr seid Kerle 101	
Mutter gab mir eine Krone 119	
Nebel, Nebel, weißer Hauch 95	
Nehmt Abschied, Brüder 49	
Nun scheint die Sonne 77	
Nun will der Lenz uns grüßen 67	
O Tannenbaum, o Tannenbaum 35	
Oh, es riecht gut 32	
Rondolied 22	
Rotlackiert mit schwarzen Punkten 88	
Sascha geizte mit den Worten 113	
Schleicht ein Fuchs 103	
Schneeflöckchen, Weißröckchen 74	
Schön ist die Welt 42	
Seid willkommen, liebe Leute (K) 25	

Du ich wir
Seite 6

Feste und Feiern
Seite 24

Unterwegs zu Fuß oder auf Rädern
Seite 40

Tageskreis Jahreskreis
Seite 58

**Natur
um uns**
Seite 78

Tanz und Spiel
Seite 96

**Lustige
Spielereien**
Seite 116

Du und ich

Text und Melodie: Joachim Schmahl / Jürgen Tamchina, © Autoren

gesprochen: Ob du schlank bist,
kurz oder lang bist,
dick oder dünn,
feige oder du hast Mut:

gesprochen: Ob du rund bist,
weiß oder bunt bist,
grob oder fein,
Junge, Mädchen, Frau und Mann:

Aus Glas

Manchmal denke ich mir irgendwas.

Und zum Spaß

denke ich mir jetzt, ich bin aus Glas.

Alle Leute, die da auf der Straße gehen,

bleiben stehen,

um einander durch mich anzusehen.

Und die vielen andern Kinder schrein:
Ei wie fein!
Ich, ich, ich will auch durchsichtig sein!

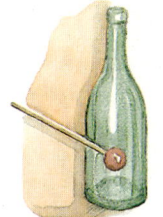

Doch ein Lümmel stößt mich in den Rücken.
Ich fall hin ...
Klirr, da liege ich in tausend Stücken.

Ach, ich bleibe lieber, wie ich bin.

Josef Guggenmos, © *Autor*

Wie mir zumute ist

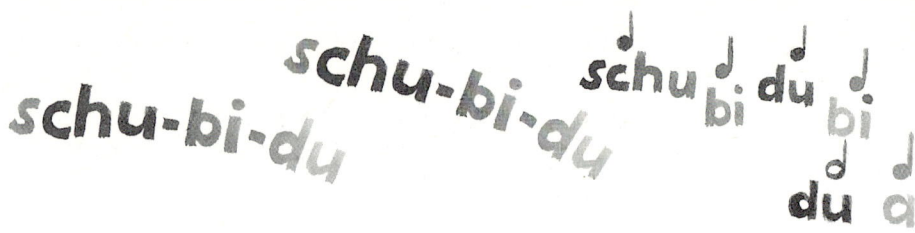

Deutsche Textfassung: © *Jürgen Schöntges*
Melodie: volkstümlich aus Amerika

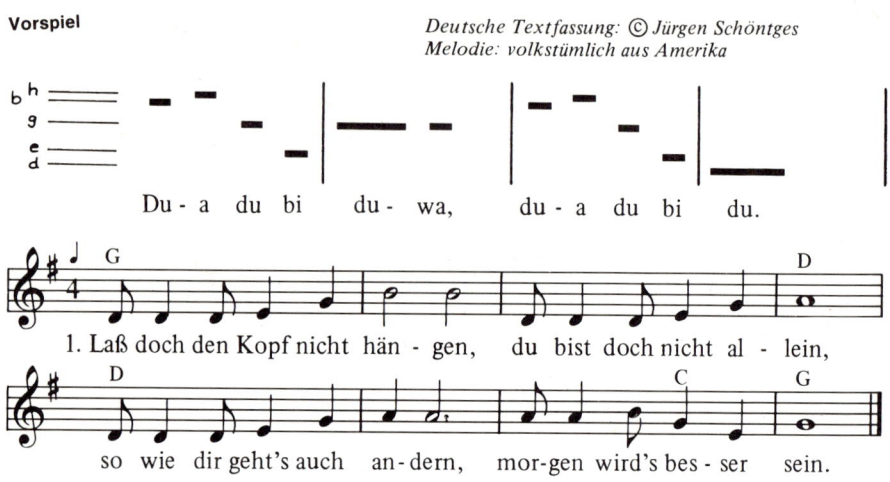

Du - a du bi du - wa, du - a du bi du.

1. Laß doch den Kopf nicht hän - gen, du bist doch nicht al - lein,
so wie dir geht's auch an - dern, mor - gen wird's bes - ser sein.

2. Geht dir mal was daneben,
hast du mal Pech statt Glück,
glaub nicht, das wird so bleiben,
schau vorwärts, nicht zurück.
Laß doch den Kopf nicht hängen ...

3. Hast du mal Krach mit Freunden
und mit den Eltern Streit,
erst noch mal drüber reden,
vielleicht war's nicht so gemeint.
Laß doch den Kopf nicht hängen ...

Textfassung: Klaus W. Hoffmann, Melodie: volkstümlich aus den USA
© *Aktive Musik*

1. Wenn ich glück-lich bin, weißt du was?
Ja, dann hüpf ich wie ein Laub-frosch durch das Gras.
Sol-che Sa-chen kom-men mir so in den Sinn,
wenn ich glück-lich bin, glück-lich bin.

2. Wenn ich wütend bin, sag ich dir,
   ja, dann stampf und brüll ich wie ein wilder Stier.
   Solche Sachen kommen mir so in den Sinn,
   wenn ich wütend bin, wütend bin.

3. Wenn ich albern bin, fällt mir ein,
   ja, dann quiek ich manchmal wie ein kleines Schwein.
   Solche Sachen kommen mir so in den Sinn,
   wenn ich albern bin, albern bin.

4. Wenn ich traurig bin, stell dir vor,
   ja, dann heul ich wie ein Hofhund vor dem Tor.
   Solche Sachen kommen mir so in den Sinn,
   wenn ich traurig bin, traurig bin.

5. Wenn ich fröhlich bin, hör mal zu,
   ja, dann pfeif ich wie ein bunter Kakadu.
   Solche Sachen kommen mir so in den Sinn,
   wenn ich fröhlich bin, fröhlich bin.

So zum Beispiel singe ich und spiele ich auf dem Xylophon:

wenn ich traurig bin   wenn ich fröhlich bin

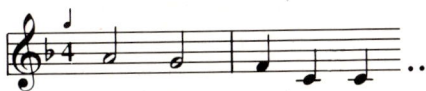

Zusammen geht es besser

Text und Melodie: Jochen Krüger, © Klett

1.–5. In meinem Garten, da steht 'ne Rübe,
die ist ein ganz besondres Stück.
Leider kann ich sie nicht ernten;
denn dafür ist sie viel zu dick.

1. Der Freund Hannes von meiner Schwester
holt den Spaten, wunderbar:
mit dem Spaten muß sie rausgehn. Doch sie will nicht, ist doch klar.

6. In meinem Garten, da steh'n fünf Jungen,
und keiner kriegt die Rübe raus!
Keiner kann die Rübe ernten,
und die Rübe lacht uns aus!

6. Meine Schwester hat die Lösung:
Macht's zusammen, ist doch klar:
ja, zusammen wird sie rausgehn. Und sie tut es, ist doch klar!

2. In meinem Garten, da steht 'ne Rübe, die ist . . .
Und der Karle, dieser Kraftprotz, der hat Muskeln, wunderbar:
Mit dem Spaten
oder Muskeln muß sie rausgehn. Doch sie will nicht, ist doch klar!

    3. In meinem Garten, da steht 'ne Rübe, die ist . . .
    Und der Klaus spielt immer Cowboy, schwingt sein Lasso, wunderbar:
    Mit dem Spaten
    oder Muskeln
    oder Lasso muß sie rausgehn. Doch sie will nicht, ist doch klar!

4. In meinem Garten, da steht 'ne Rübe, die ist . . .
Und der Rudolf vom Bauern Schrade bringt 'ne Forke, wunderbar:
Mit dem Spaten
oder Muskeln
oder Lasso
oder Forke muß sie rausgehn. Doch sie will nicht, ist doch klar!

    5. In meinem Garten, da steht 'ne Rübe, die ist . . .
    Und der superkluge Bernhard weiß sonst alles, wunderbar:
    mit dem Spaten
    oder Muskeln
    oder Lasso
    oder Forke
    oder Köpfchen muß sie rausgehn. Doch sie will nicht, ist doch klar!

6. In meinem Garten, da stehn fünf Jungen,
und keiner kriegt die Rübe raus!
Keiner kann die Rübe ernten,
und die Rübe lacht uns aus!
Meine Schwester hat die Lösung: Macht's zusammen, ist doch klar:
mit dem Spaten
und mit Muskeln
und mit Lasso
und mit Forke
und mit Köpfchen
ja, zusammen wird sie rausgehn. Und sie tut es, ist doch klar!

Wir gemeinsam

Text: Margarete Jehn, Melodie: Wolfgang Jehn, © Eres

1. Am Bahn-damm wohnt der Re-gen-mann, am gro-ßen Mük-ken-was - ser.

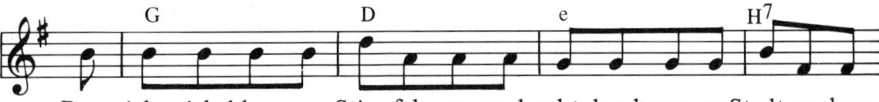

Der zieht sich blau - e Stie - fel an und geht durch uns - re Stadt so-dann,

und es wird im - mer nas - ser, und es wird im - mer nas - ser.

2. Es grüßt ihn jedes Funkellicht und jedes helle Fenster.
   Und nur die Menschen grüßen nicht, und er sieht allen ins Gesicht
   und fragt: „Seid ihr Gespenster?" und fragt: „Seid ihr Gespenster?"

3. „Das mußt du doch begreifen, Mann! Steh du hier mal 'ne Stunde
   und warte auf die Straßenbahn, und dann fängt's noch zu regnen an —
   man geht ja vor die Hunde, man geht ja vor die Hunde!"

4. Da geht der Regenmann nach Haus, hört auf sich rumzutreiben,
   kriecht wieder in sein Bretterhaus und zieht die blauen Stiefel aus
   und läßt das Fragen bleiben, und läßt das Fragen bleiben.

Kinder, die auch stark sind

1. War-um spielt denn kei-ner mit dem dik-ken Hei-ner?
Er trifft zwar nicht al-le Bäl-le,
er ist e-ben nicht so schnel-le, Hei-ner.

Michael kann nicht so schnell rennen –

Stefanie war noch nie weit verreist –

Holger kann keine Kunststücke auf dem Fahrrad –

Ulrike hat keinen Rekorder und poppige Cassetten –

2. Warum spottet jeder
über unsern Peter?
Er trägt eine kluge Brille,
lacht kaum und ist meistens stille,
Peter.

3. Warum hänseln alle
grad den schwachen Kalle?
Er holt sich zwar selten Beulen,
trotzdem sieht man ihn oft heulen,
Kalle.

4. Kalle, Heiner, Peter,
solche kennt wohl jeder.
Kinder, die nicht stark, nicht schnell sind.
Kinder, die nicht ganz so hell sind.

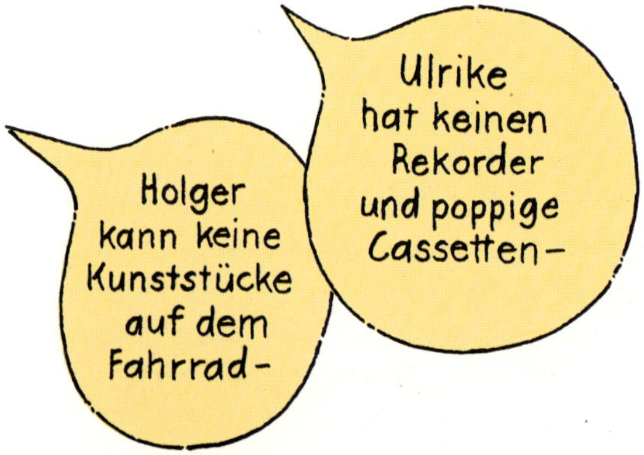

Text und Melodie: Gerhard Schöne, © Lied der Zeit

Er sah letz-ten Win-ter auf dem Eis 'ne Mö-we lie-gen.
Ging zum Tier-arzt, gab ihr Fut-ter, heu-te kann sie flie-gen.
So tier-lieb ist sonst kei-ner, wie der dik-ke Hei-ner.

Dieser Ton wird in der 4. Strophe gebraucht

Aber er kann Geige spielen
und auch komponieren.
Zu Weihnachten, zum Klassenfest
wird er es dann aufführen.
So was kann nicht jeder,
nur der stille Peter.

Als einmal beim Fußballspielen
doch ein Fenster krachte,
rannten alle außer ihm,
der es zum Glaser brachte.
So mutig sind nicht alle,
wie der schwache Kalle.

Doch lernst du sie richtig kennen,
läßt du sie nicht stehen,
wirst du etwas ganz Besondres
grad bei ihnen sehen.
Und ihr könnt auf Erden
die besten Freunde werden.

– aber mit dem Zauberstift zaubert er tolle Bilder.

– aber sie kann spannende Geschichten von Fantasiereisen erzählen.

– aber er hilft einer alten Frau regelmäßig beim Einkaufen.

– aber sie kann toll Vogelstimmen und Geräusche nachmachen.

Wer gehört zu uns

1. Ein Nasenhuhn, ein Nasenzwerg, ein Nasenschwein, die gründeten, ja gründeten einen Verein.

2. Und als da kam,
   und als da kam
   ein Ohrentier,
   da riefen sie, ja riefen sie:
   „Was willst du hier?"

3. Ein Ohrenhuhn,
   ein Ohrenzwerg,
   ein Ohrenschwein,
   die gründeten, ja gründeten
   einen Verein.

4. Und als da kam,
   und als da kam
   ein Nasentier,
   da riefen sie, ja riefen sie:
   „Was willst du hier?"

Wer könnte noch einen Verein gründen?

Ein Schnabelhuhn

Ein ... huhn

Text und Melodie: Klaus W. Hoffmann, © Aktive Musik

1. Im Land der Blaukarierten sind alle blaukariert.
Doch wenn ein Rotgefleckter sich mal dorthin verirrt,
dann rufen Blaukarierte: „Der paßt zu uns doch nicht!
Er soll von hier verschwinden, der rotgefleckte Wicht!"

2. Im Land der Rotgefleckten
sind alle rotgefleckt.
Doch wird ein Grüngestreifter
in diesem Land entdeckt,
dann rufen Rotgefleckte:
„Der paßt zu uns doch nicht!
Er soll von hier verschwinden,
der grüngestreifte Wicht!"

3. Im Land der Grüngestreiften
sind alle grüngestreift.
Doch wenn ein Blaukarierter
so etwas nicht begreift,
dann rufen Grüngestreifte:
„Der paßt zu uns doch nicht!
Er soll von hier verschwinden,
der blaukarierte Wicht!"

4. Im Land der Buntgemischten
sind alle buntgemischt.
Und wenn ein Gelbgetupfter
das bunte Land auffrischt,
dann rufen Buntgemischte:
„Willkommen hier im Land!
Hier kannst du mit uns leben,
wir reichen dir die Hand!"

Was wird aus unsrem Müll

Text: James Krüss, Melodie: Christian Bruhn, © Arena

1. Was wird aus uns-rem Au-to, ist es nicht mehr mo-bil?
Dann wird aus uns-rem Au-to-chen Müll! Müll! Müll!

2. Was wird aus einem Kleide, wenn's nicht mehr passen will?
   Dann wird aus einem Sonntagskleid Müll! Müll! Müll!

3. Was wird aus einem Glase, zerbrach einmal sein Stiel?
   Dann wird aus einem feinen Glas Müll! Müll! Müll!

4. Was wird aus alten Stiefeln, wenn's warm wird im April?
   Dann wird aus einem Stiefelpaar Müll! Müll! Müll!

5. Und geht das stets so weiter, so ohne Sinn und Ziel,
   dann wird vielleicht der Erdenball Müll! Müll! Müll!

Müllmusik

Ursula Klühe, © Klett

A) *p* → *f*

- Papier:
- Flaschen:
- Karton:
- Flaschen:
- Dosen:
- Fahrradklingel: trr............
- Hupe: ▷ ▷ ▷
- Stimmen: Plastik... Gift Gift Gift / Gläser Flaschen / Sch-Sch-Schrott und Müll / Buh Juchh

B) Sprecher: Haltet ein! Macht kein Chaos! Räumt auf!

- Stabspiele:
- Flaschen:
- Dosen:

usw.

Dosen Dosen Dosen Dosen

Müllsortiersong!

Röhren Röhren Röhren

Schachteln Schachteln Schachteln

ZeitungenZeitungenZeitungen

Text: Rudolf O. Wiemer, Melodie und Satz: Wilhelm Keller, © Fidula

1. Ich bin Müll-schlucker Paul, ich hab ein gro-ßes Maul,
ich schluck soviel ich schlucken mag, am Montag, Dienstag, Donnerstag,
und auch an je-dem an-dern Tag, da schluck ich Schmutz und Schund,
im Jahr drei-tau-send Pfund.

papier

Plastiktüten

Blech Blech

2. Ich bin Müllschlucker Paul,
   ich hab ein großes Maul,
   ich schlucke Büchsen, Flaschenglas,
   das Blatt, in dem der Papa las,
   Blech, Plastiktüten, dürres Gras,
   Gerümpel kunterbunt –
   im Jahr dreitausend Pfund.

3. Ich bin Müllschlucker Paul,
   ich hab ein großes Maul,
   ach könnt ich schlucken Zank und Streit,
   die Hungersnot, den Haß, den Neid,
   ich schluckte sie für alle Zeit,
   im Jahr dreitausend Pfund –
   dann wär die Welt gesund.

Natur und wir

Text: Elisabeth Borchers, Melodie: H. Glück, © Suhrkamp

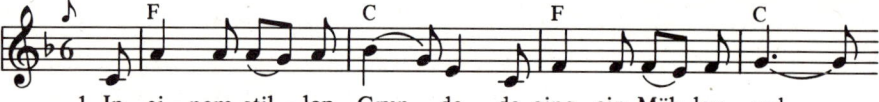

F C F C
1. In ei - nem stil - len Grun - de, da ging ein Müh-len - rad.
F B F C F
Der Mül - ler ist ver-schwun - den, der dort ge-mah-len hat.
C F B F C F
Der Mül - ler ist ver-schwun - den, der dort ge-mah - len hat.

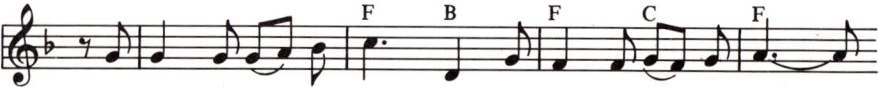

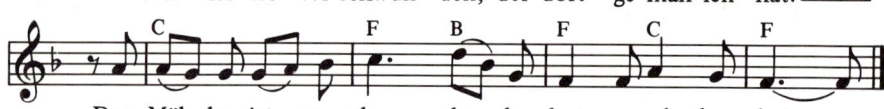

2. Da wollt der Bach nicht fließen,
der Wind wollt nicht mehr gehn,
das Korn wollt nicht mehr sprießen,
so blieb das Mühlrad stehn.

3. Im Hause ist es dunkel,
doch niemand macht mehr Licht.
Nur noch die Mäuse suchen
nach Korn und finden's nicht.

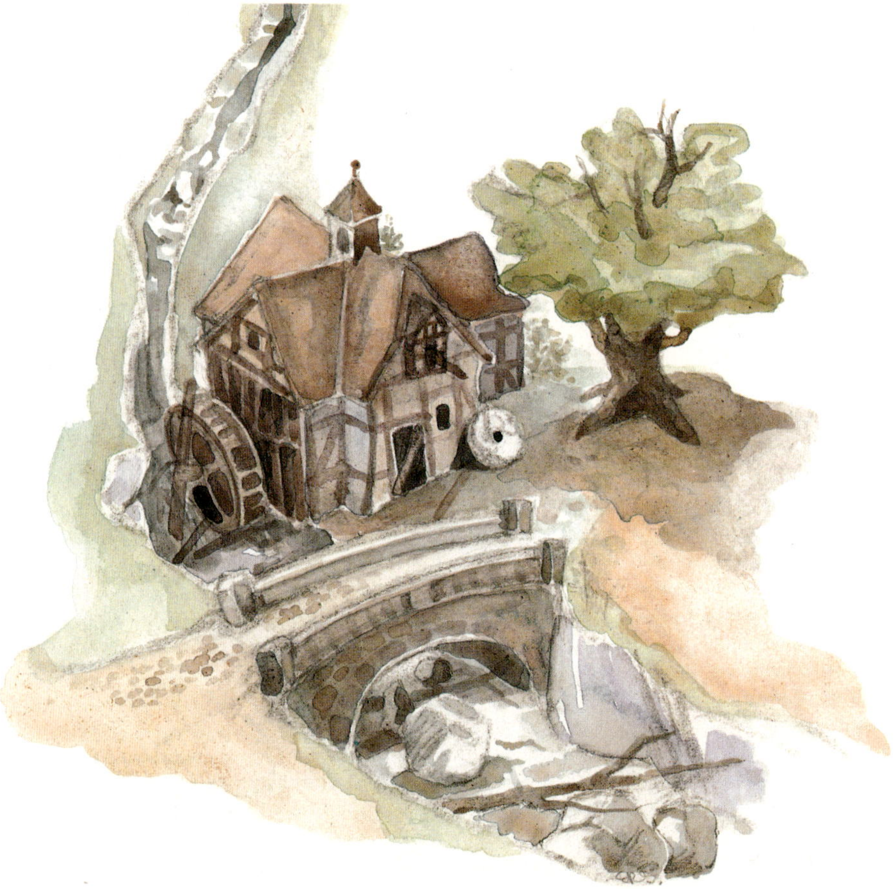

Text und Melodie: Hans Baumann, © Thienemann

1. Die Mo-tor-sä-ge macht viel Krach, so-gar die Stei-ne wer-den wach.

2. Im Wald zerreißt sie alle Ruh,
   da klappt der Fuchs die Ohren zu.

3. Der Dachs sucht einen sichern Ort,
   die Maus erschrickt, das Reh springt fort.

4. Der Marder schlüpft in sein Versteck,
   die Finken, Meisen fliegen weg.

5. Beim Eichelhäher gibt's Geschrei:
   Wo bleibt denn da die Polizei!

Nur ei-nen gibt's, den das nicht stört, weil ihn nun kei-ner häm-mern hört.

Christian Morgenstern, grafische Gestaltung: © Klett

Die zwei Wurzeln

Zwei **Tannenwurzeln** groß und alt
unterhalten sich im Wald.
Was da droben in den **Wipfeln** rauscht,
das wird hier unten ausgetauscht.
Ein altes Eichhorn sitzt dabei
und strickt wohl Strümpfe für die zwei.
Die eine sagt: **Knig**. Die andre sagt: **Knag**.
Das ist genug für einen Tag.

Text: Eva Rechlin, Melodie: Heinz Lemmermann, © Fidula

1. Die Angst vor Streit und Haß und Krieg läßt viele oft nicht ruhn.
   Doch wenn man Frieden haben will, muß man ihn selber tun.

2. Der Frieden wächst, wie Rosen blühn,
   so bunt, so schön und still.
   Er fängt bei uns zu Hause an,
   bei jedem, der ihn will.

3. Vom Frieden reden hilft nicht viel,
   auch nicht, daß man marschiert.
   Er kommt wie Lachen, Dank und Traum,
   schon wenn man ihn probiert.

4. Man braucht zum Frieden Liebe,
   natürlich auch Verstand,
   und wo es was zu heilen gibt:
   jede Hand.

Feste und Feiern

Textfassung: Lieselotte Holzmeister, Melodie: aus Frankreich, © Fidula

1. Seid will - kom - men, lie - be Leu - te,
2. zu un-serm Früh - lings - sin - gen heu - te.
   (Som - mer-)
   (Weih - nachts-)
3. Hel - ler als al - ler Son - nen - schein
4. leuch - tet die Freu - de zu uns her - ein.

Begrüßung und Abschied

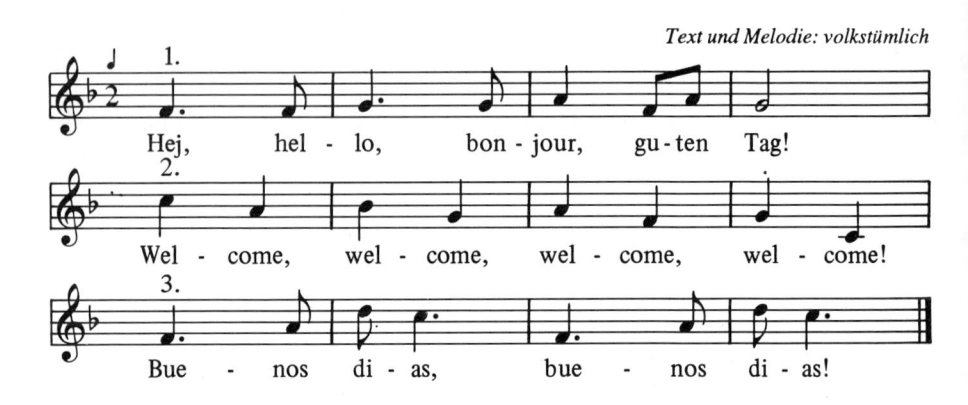

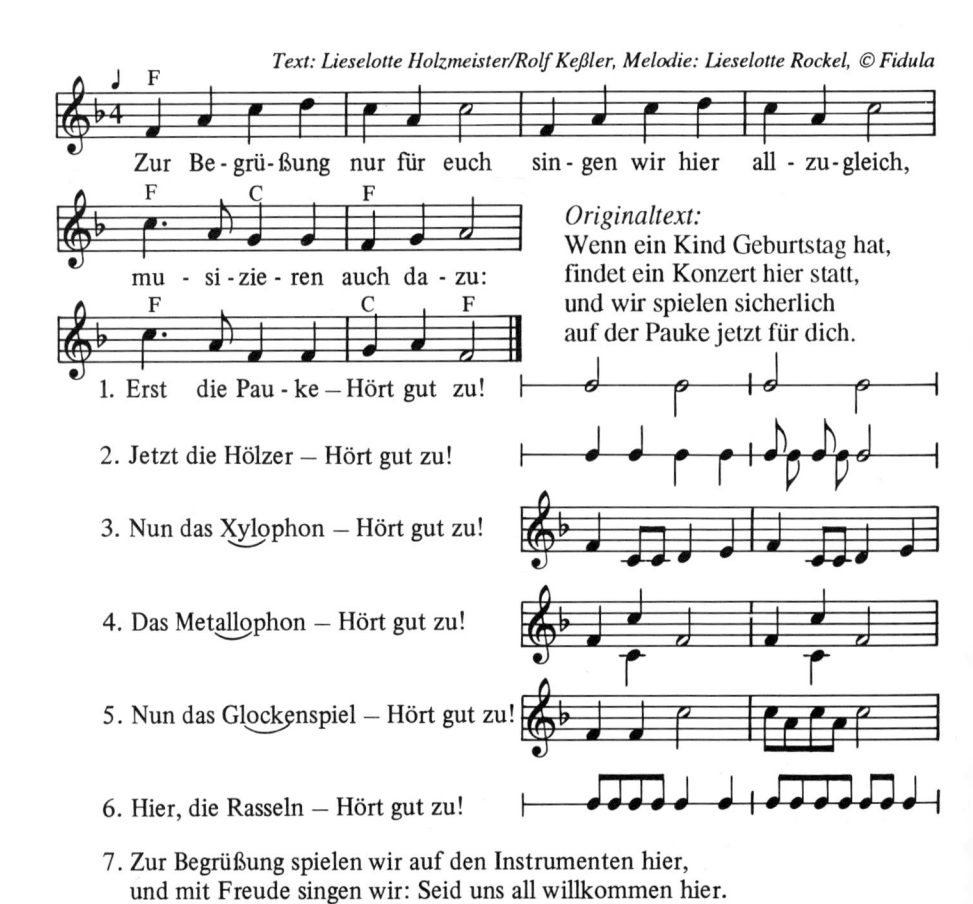

Text und Melodie: volkstümlich

1. Hej, hel-lo, bon-jour, gu-ten Tag!
2. Wel-come, wel-come, wel-come, wel-come!
3. Bue-nos di-as, bue-nos di-as!

Text: Lieselotte Holzmeister/Rolf Keßler, Melodie: Lieselotte Rockel, © Fidula

Zur Be-grü-ßung nur für euch sin-gen wir hier all-zu-gleich,
mu-si-zie-ren auch da-zu:

Originaltext:
Wenn ein Kind Geburtstag hat,
findet ein Konzert hier statt,
und wir spielen sicherlich
auf der Pauke jetzt für dich.

1. Erst die Pau-ke — Hört gut zu!
2. Jetzt die Hölzer — Hört gut zu!
3. Nun das Xylophon — Hört gut zu!
4. Das Metallophon — Hört gut zu!
5. Nun das Glockenspiel — Hört gut zu!
6. Hier, die Rasseln — Hört gut zu!
7. Zur Begrüßung spielen wir auf den Instrumenten hier,
   und mit Freude singen wir: Seid uns all willkommen hier.

Textfassung: Katharina Kemming, Melodie: aus Israel, © Klett

Ⓐ Gib mir die Hand, halt mei-ne Hand, un-se-re Hän-de schlie-ßen den Kreis.

Ⓑ Hey, hey, ich sa-ge tschüß, le-bet wohl, auf Wie-der-sehn! Wie-der-sehn!

Ⓐ

Vorspiel

Text und Melodie: volkstümlich (Zulu) aus Afrika, dt. Textfassung: Heinz Lemmermann, © Fidula

Ham - ba - ni kah - le, ham - ba - ni kah - le,
1. Gehn wir in Frie - den, gehn wir in Frie - den,

ham ba - ni kah - le in - ko - si ma-yi-be na - ni.
gehn wir in Frie - den den Weg, den wir ge - kom - men.

2. Gehn wir in Frieden, gehn wir in Frieden,
   gehn wir in Frieden, der Abschied ist gekommen.

Zur Begleitung

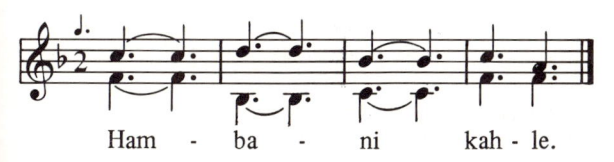

Ham - ba - ni kah - le.

Geburtstag

2. Unsre guten Wünsche haben ihren Grund:
   Bitte bleib noch lange glücklich und gesund.
   Dich so froh zu sehen, ist was uns gefällt,
   |: Tränen gibt es schon genug auf dieser Welt.:| Wie schön ...

3. Montag, Dienstag, Mittwoch, das ist ganz egal,
   dein Geburtstag ist im Jahr doch nur einmal.
   Darum laßt uns feiern, daß die Schwarte kracht,
   |: heute wird getanzt, gesungen und gelacht.:| Wie schön ...

Text und Melodie: Dorothée Kreusch-Jacob, © Patmos

1. Ich schenk dir einen Regenbogen, rot und gelb und blau! Ich wünsch dir was! Was ist denn das? Du weißt es ganz genau!

2. Ich schenk dir hundert Seifenblasen,
   sie spiegeln mein Gesicht.
   Ich wünsch dir was!
   Was ist denn das?
   Nein – ich verrat's dir nicht!

3. Ich schenk dir eine weiße Wolke
   hoch am Himmel dort.
   Ich wünsch dir was!
   Was ist denn das?
   Es ist ein Zauberwort.

4. Ich schenk dir einen Kieselstein,
   den ich am Wege fand.
   Ich wünsch dir was!
   Was ist denn das?
   Ich schreib's in deine Hand.

5. Ich schenk dir einen Luftballon,
   er schwebt ganz leicht empor.
   Ich wünsch dir was!
   Was ist denn das?
   Ich sag's dir leis ins Ohr!

6. Ich schenke dir ein Kuchenherz,
   drauf steht: „Ich mag dich so!"
   Ich wünsch dir was!
   Was ist denn das?
   Jetzt weißt du's sowieso!

Glanzlichter zur Herbstzeit

Text und Melodie: volkstümlich

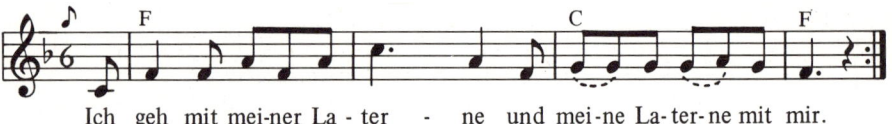

Ich geh mit mei-ner La-ter - ne und mei-ne La-ter-ne mit mir.
Da o-ben leuch-ten die Ster - ne, und un-ten leuch-ten wir.

Mein Licht ist aus, wir gehn nach Haus, ra-bim-mel, ra-bam-mel, ra-bumm.

Text: Fritz und Emilie Kögel, Melodie: Heinz Lau, © Möseler

1. Kin - der, kommt und ra - tet,   Hört ihr, wie es knallt und zischt!
   was im O - fen bra - tet!   Bald nun wird er auf - ge - tischt:

Refrain:

Der Zip - fel, der Zap - fel, der Kip - fel, der Kap - fel,

Gesprochen: der gelbrote Apfel!

2. Kinder, laufet schneller, holt euch einen Teller,
   holt euch eine Gabel, sperrt nun auf den Schnabel:
   Für den Zipfel, den Zapfel ...

Text: Albert Sixtus, Melodie: Richard Rudolf Klein, © Diesterweg

1. Wenn der frische Herbstwind weht, geh ich auf die Felder, schicke meinen Drachen hoch über alle Wälder.

2. Und er wackelt mit dem Ohr,
   wackelt mit dem Schwänzchen.
   Und er tanzt den Wolken vor
   hui! ein lustig Tänzchen.

Zur Begleitung

Text: Rudolf Scholz. Melodie: Kurt Dittrich, © Dt. Verlag für Musik Leipzig

1.-3. Tanze, blauer Luftballon, tanze in dem Wind!

1. Tanze wie der Schmetterling, den ich auf der Wiese fing.

1.-3. Tanze, blauer Luftballon, tanze in dem Wind!

2. Tanze hell durch Wald und Flur,
   halt dich fest an meiner Schnur.

3. Flieg nicht fort und bleibe hier!
   Sei schön brav und tanz mit mir!

Vorfreude aufs Fest

Text und Melodie: Christel Ulbrich, © *Dt. Verlag für Musik Leipzig*

1.-6. Oh, es riecht gut, oh, es riecht fein! Heut rührn wir Teig zu Plätz-chen ein.

1. In der Kü-che wird ge-bak-ken, helft nur al-le Man-deln knak-ken.

1.-6. Oh, es riecht gut, oh, es riecht fein!

2. Butter, Zucker glattgerühret,
und die Bleche eingeschmieret.

3. Eier in den Topf geschlagen
und die Milch herzugetragen.

4. Weißes Mehl, das wolln wir sieben,
aber nichts danebenstieben!

5. Inge sticht die Formen aus,
Herzen, Sterne werden draus.

6. Weihnachtskringel braun und rund
ein'n zum Kosten in den Mund!

Text: Carola Wilke, Melodie: Hans Helmut, © *Möseler*

1. Bald nun ist Weih-nachts-zeit, fröh-li-che Zeit, jetzt ist der Weih-nachts-mann gar nicht mehr weit, weit.

2. Horch nur, der Alte klopft draußen ans Tor,
mit seinem Schimmel, so steht er davor.

3. Leg ich dem Schimmelchen Heu vor das Haus,
packt gleich der Ruprecht den großen Sack aus.

4. Pfeffernüss', Äpfelchen, Mandeln, Korinth',
alles das schenkt er dem guten Kind.

Text: Wilhelm Hey, Melodie: Friedrich Silcher

1. Al - le Jah - re wie - der kommt das Chri - stus - kind
auf die Er - de nie - der, wo wir Men-schen sind.

2. Kehrt mit seinem Segen ein in jedes Haus,
   geht auf allen Wegen mit uns ein und aus.

3. Ist auch mir zur Seite still und unerkannt,
   daß es treu mich leite an der lieben Hand.

Vorspiel

Text und Melodie: volkstümlich

1. Mor-gen Kin - der, wird's was ge - ben, mor - gen wer-den wir uns freun!
   Welch ein Ju - bel, welch ein Le - ben wird in un-serm Hau-se sein!

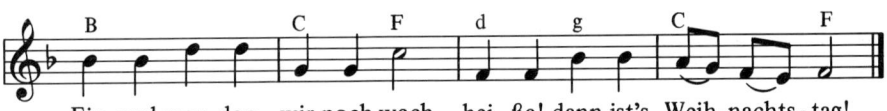

Ein-mal wer-den wir noch wach, hei - ßa! dann ist's Weih-nachts-tag!

2. Wie wird dann die Stube glänzen von der großen Lichterzahl,
   schöner als bei frohen Tänzen ein geputzter Kronensaal!
   Wißt ihr noch, wie vor'ges Jahr es am Weihnachtsabend war?

3. Welch ein schöner Tag ist morgen! Neue Freuden hoffen wir.
   Unsre guten Eltern sorgen lange, lange schon dafür.
   O gewiß, wer sie nicht ehrt, ist der ganzen Lust nicht wert. *(gekürzt)*

Weihnachtszeit

Vorspiel

Text: Erika Engel, Melodie: Hans Sandig, © Volk und Wissen

1. Sind die Lich-ter an-ge-zün-det, Freu-de zieht in je-den Raum;
Weih-nachts-freu-de wird ver-kün-det un-ter je-dem Lich-ter-baum.
Leuch-te, Licht, mit hel-lem Schein, ü-ber-all, ü-ber-all soll Freu-de sein.

2. Süße Dinge, schöne Gaben
   gehen nun von Hand zu Hand.
   Jedes Kind soll Freude haben,
   jedes Kind in jedem Land.
   Leuchte, Licht, mit hellem Schein,
   überall, überall soll Freude sein.

3. Sind die Lichter angezündet,
   rings ist jeder Raum erhellt.
   Weihnachtsfriede wird verkündet,
   zieht hinaus in alle Welt.
   Leuchte, Licht, mit hellem Schein,
   überall, überall soll Friede sein.

Text und Melodie: volkstümlich, Satz: Willi Gundlach, © Klett

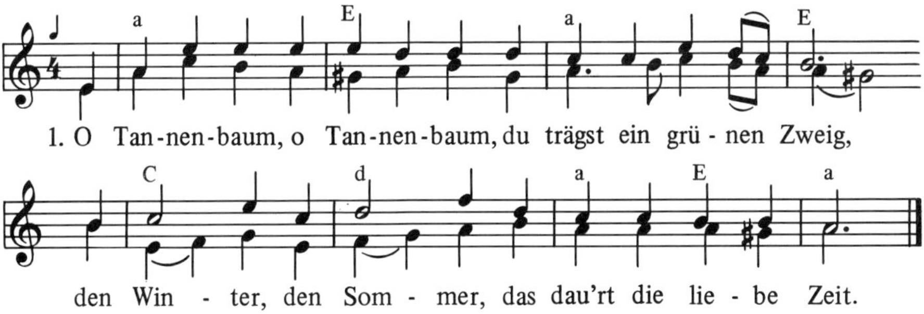

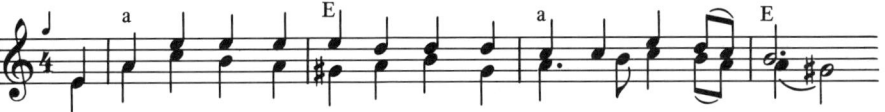

a E a E
1. O Tan-nen-baum, o Tan-nen-baum, du trägst ein grü - nen Zweig,
C d a E a
den Win - ter, den Som - mer, das dau'rt die lie - be Zeit.

2. Warum sollt ich nicht grünen,
da ich noch grünen kann?
Ich hab nicht Vater noch Mutter,
der mich versorgen kann.

3. Und der mich kann versorgen,
das ist der liebe Gott,
der läßt mich wachsen und grünen,
drum bin ich schlank und groß.

Weihnachtsglockenspiel

bomm bomm bomm usw.
bimm bamm bimm bamm bimm bamm
ding dang dong ding ding dang dong ding ding dang dong ding

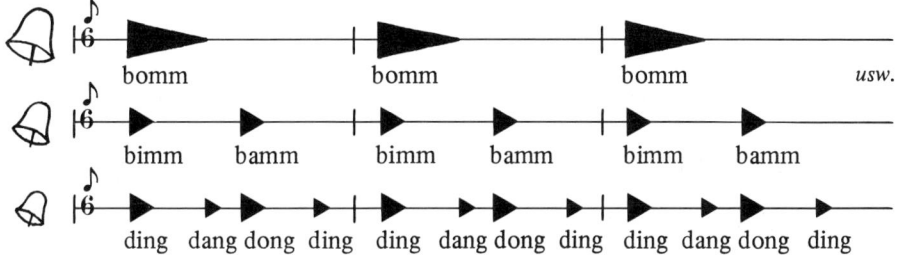

Text und Melodie: Henry Kaufmann, © Verlag Neue Musik

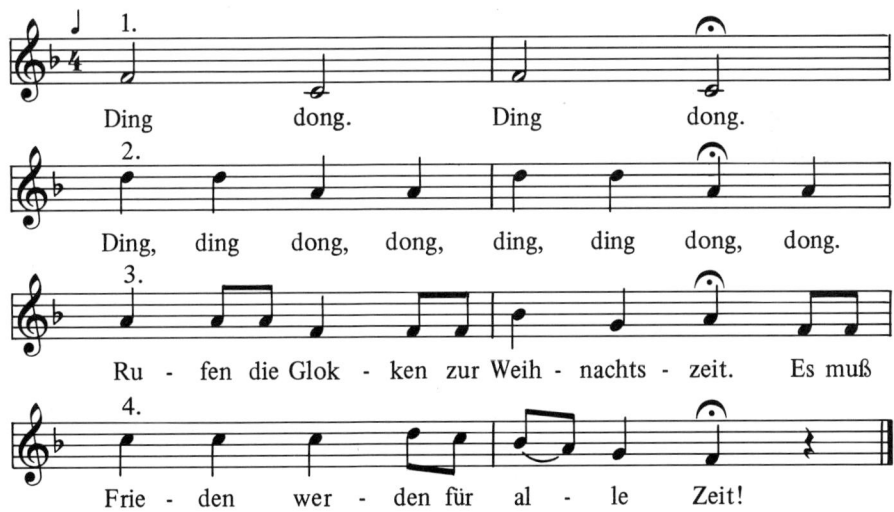

1.
Ding dong. Ding dong.
2.
Ding, ding dong, dong, ding, ding dong, dong.
3.
Ru - fen die Glok - ken zur Weih - nachts - zeit. Es muß
4.
Frie - den wer - den für al - le Zeit!

Weihnachtsgeschichte

Text, Melodie und Satz: volkstümlich

1. Was soll das be-deu-ten? Es ta-get ja schon.
   Ich weiß wohl, es geht erst um Mit-ter-nacht rum.
   Schaut nur da-her, schaut nur da-her!
   Wie glän-zen die Stern-lein je län-ger je mehr!

2. Treibt zusammen, treibt zusammen die Schäflein fürbaß!
   Treibt zusammen, treibt zusammen, dort zeig ich euch was:
   Dort in dem Stall, dort in dem Stall
   werd't Wunderding sehen, treibt zusammen einmal!

3. Ich hab nur ein wenig von weitem geguckt,
   da hat mir mein Herz schon vor Freuden gehupft:
   Ein schönes Kind, ein schönes Kind
   liegt dort in der Krippe bei Esel und Rind.

4. Das Kindlein, das zittert vor Kälte und Frost.
   Ich dacht mir: wer hat es denn also verstoßt,
   daß man auch heut, daß man auch heut
   ihm sonst keine andere Herberg anbeut?

5. So gehet und nehmet ein Lämmlein vom Gras
   und bringet dem schönen Christkindlein etwas.
   Geht nur fein sacht, geht nur fein sacht,
   auf daß ihr dem Kindlein kein Unruh nicht macht.

Textfassung: Willi Träder, Melodie: volkstümlich aus Frankreich, © Möseler

1. Ha-ben En-gel wir ver-nom-men, sin-gen ü-ber Fel-der weit;
   E-cho ist vom Berg ge-kom-men, kün-det hell die fro-he Zeit.

1.–3. Glo - - - - - - ri-a in ex-cel-sis De-o De - o!

2. Sagt, ihr Hirten, welche Kunde
   weckt in euch der süße Klang,
   daß sich wie aus Engelsmunde
   hebet euer Lobgesang?

3. Strahlt ein Stern vom Himmel nieder,
   alle Welt sieht seinen Schein;
   höret Gottes Botschaft wieder:
   Soll auf Erden Friede sein!

Maria

Text und Melodie: volkstümlich

1. Jo-sef, lie-ber Jo-sef mein,
   hilf mir wiegen das Kin-de-lein!
   Gott, der wird dein Loh-ner sein
   im Him-mel-reich, der Jung-frau Sohn Ma-ri-a.

Josef

2. Gerne, liebe Maria mein,
   helf ich dir wiegen das Kindelein,
   Gott, der wird mein Lohner sein
   im Himmelreich, der Jungfrau Sohn Maria.

Frühlings- und Osterfest

Josef Guggenmos, © Beltz. Gestaltung: Autoren, © Klett

Frühlingsblumen - Ostereier

Tulpen und Narzissen
wachsen farbenprächtig ganz allein.

Doch ans Werk!
Den Ostereiern müssen wir behilflich sein.
Auf die Schalen malen wir
Zickzackbänder, Tupfen, Ringe,
braune Hasen, gelbe Küken,
blaue Blumen, Schmetterlinge.

Manche Eier kriegen
Augen, Mund, Nase, Kinn
und schauen den Frühling an
mit Gesichtern
ernst
und heiter.

Text: Handrij Zejler, Melodie: Korla Awgust Kocor, dt. Textfassung: Kito Lorenc, © Domowina

1. Wo ist das bun-te Schlei-fen-band, da-mit ich's heu-te trag,
   wer führt die Fah-ne ü-bers Land am fro-hen O-ster-tag,
   wer führt die Fah-ne ü-bers Land am fro-hen O-ster-tag?

1. Hdźe su mi ban-ty čer-wje-ne na swje-dźeń wje-so-ły,
   štó mó-drych, bě-łych, při-nje-se na swje-dźeń ju-trow-ny,
   štó mó-drych, bě-łych, při-nje-se na swe-dźeń ju-trow-ny?

2. Wo bist du, Rößlein, freust du dich
   auf deinen Osterritt?
   Die Sonne hebt in Sprüngen sich,
   und du darfst springen mit!

3. Wo quillt der klare Osterquell,
   der Vieh und Menschen frommt?
   Wer bringt ihn schweigend mir und schnell,
   bevor die Sonne kommt?

4. Wo sind die Eier, buntbemalt,
   recht groß und auch recht viel?
   Wer spielt mit mir am Hang im Wald
   das schöne Spiel?

2. Hdźe sy, mój pyšny koniko,
   a što so radujеš?
   Kaž slónčko skoči schadźejo,
   ty ze mnu zejhrawaš.

3. Hdźe je mi woda jutrowna
   ze žórla čerstweho,
   štó mi tej' jasnej načerpa
   do slónca na ranko?

4. Hdźe su mi jejka pisane,
   jich dawno žadny sym,
   što dźens je kuleć ze mnu
   che na brjóžku zelenym?

Lied und Ostereiermalen gehören zu sorbischen Osterbräuchen

Feder

Stecknadeln auf Holzstäbchen

Wachs erhitzen

Wachs

Stoffarben

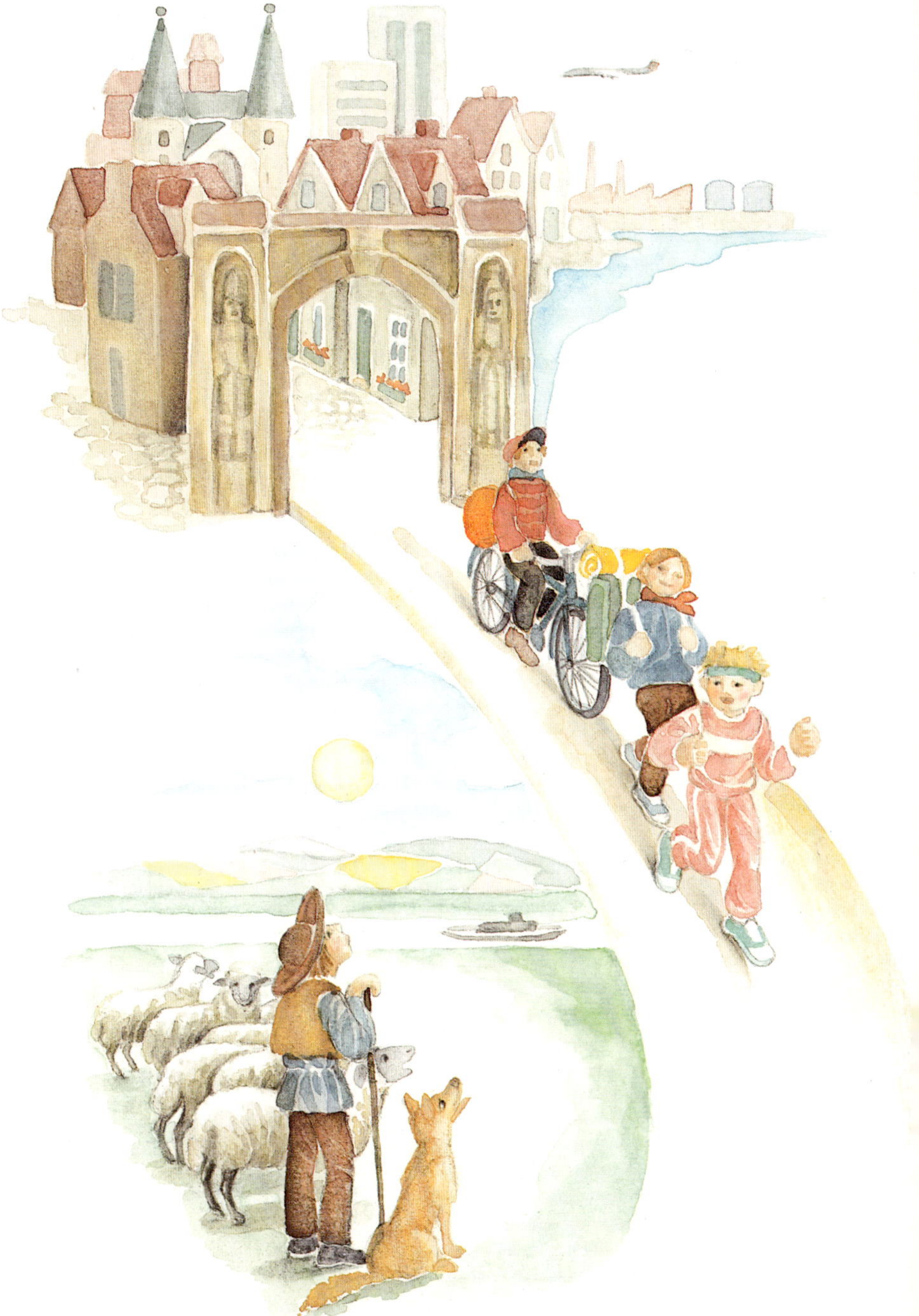

Unterwegs zu Fuß oder auf Rädern

Text: volkstümlich, Melodie: Willi Gundlach, © Klett

1. Als wir noch in der Wie-ge la-gen,
2. dacht nie-mand an den Lie-ge-wa-gen.
3. Jetzt kann man nachts im Wa-gen lie-gen
4. und sich in al-len La-gen wie-gen.

Schön ist die Welt

Text und Melodie: volkstümlich

1. Schön ist die Welt, drum Brüder laßt uns reisen, wohl in die weite Welt, wohl in die weite Welt.
2. Wir sind nicht stolz, wir brauchen keine Pferde, |: die uns von dannen ziehn.:|
3. Wir steigen froh auf Berge und auf Hügel, |: wo uns die Sonne sticht. :|
4. Wir laben uns an jeder Felsenquelle, |: wo frisches Wasser fließt. :|
5. Wir reisen fort von einer Stadt zur andern, |: wohin es uns gefällt.:|

Textfassung: Walther Hensel, Melodie: volkstümlich, © Bärenreiter

1. Auf, du junger Wandersmann, jetzo kommt die Zeit heran, die Wanderzeit, die gibt uns Freud. Wolln uns auf die Fahrt begeben, das ist unser schönstes Leben; große Wasser, Berg und Tal anzuschauen überall.

2. An dem schönen Donaufluß findet man ja seine Lust
   und seine Freud auf grüner Heid,
   wo die Vöglein lieblich singen und die Hirschlein fröhlich springen;
   dann kommt man vor eine Stadt, wo man gute Arbeit hat.

3. Mancher hinterm Ofen sitzt und gar fein die Ohren spitzt,
   kein Stund für's Haus ist kommen aus;
   den soll man als G'sell erkennen oder gar als Meister nennen,
   der noch nirgends ist gewest, nur gesessen in sei'm Nest?

4. Mancher hat auf seiner Reis ausgestanden Müh und Schweiß
   und Not und Pein, das muß so sein:
   trägt's Felleisen auf dem Rücken, trägt es über tausend Brücken,
   bis er kommt nach Innsbruck 'ein, wo man trinkt Tirolerwein.

5. Morgens, wenn der Tag angeht und die Sonn am Himmel steht
   so herrlich rot wie Milch und Blut:
   auf, ihr Brüder, laßt uns reisen, unserm Herrgott Dank erweisen
   für die fröhlich Wanderzeit, hier und in die Ewigkeit!

Textfassung: Walther Henscl, Melodie: aus Schweden, © Bärenreiter

1. Im Früh-tau zu Ber-ge wir ziehn, fal-le-ra!
Es grü-nen die Wäl-der, die Höhn, fal-le-ra!
Wir wan-dern oh-ne Sor-gen und sin-gen in den Mor-gen,
noch e-he im Ta-le die Häh-ne krähn.

2. Ihr alten und hochweisen Leut, fallera,
   ihr denkt wohl, wir wären nicht gescheit, fallera!
   Wer wollte aber singen, wenn wir schon Grillen fingen,
   in dieser herrlichen Sommerzeit.

3. Werft ab alle Sorgen und Qual, fallera,
   und wandert mit uns aus dem Tal, fallera!
   Wir sind hinausgegangen, den Sonnenschein zu fangen.
   Kommt mit und versucht es doch selbst einmal!

Text: Hans Riedel, Melodie: Robert Götz, © Voggenreiter

1. Aus grau-er Städ-te Mau-ern ziehn wir durch Wald und Feld.
Wer bleibt, der mag ver-sau-ern, wir fah-ren in die Welt.
Hal-li, hal-lo, wir fah-ren, wir fah-ren in die Welt.
1.–4. Hal-li, hal-lo, wir fah-ren, wir fah-ren in die Welt.

2. Der Wald ist unsre Liebe, der Himmel unser Zelt,
   ob heiter oder trübe, wir fahren in die Welt.

3. Ein Heil dem grünen Walde, zu dem wir uns gesellt.
   Hell klingt's durch Berg und Heide: wir fahren in die Welt.

4. Die Sommervögel ziehen schon über Wald und Feld.
   Da heißt es Abschied nehmen: wir fahren in die Welt.

Unterwegs im Land

Text und Melodie: volkstümlich

1. Als ich einmal reiste in das Sachsen-Weimar-land,
   da war ich der Reichste, das ist der Welt bekannt.

   1.–6. Rummel dummel raudidera, rummel dummel raudidera,
   da war ich der Reichste, das ist der Welt bekannt.

2. Zwei Jahr bin ich geblieben, zog ich umher von Land zu Land,
   und was ich da getrieben, das ist der Welt bekannt.

3. Als ich wiedrum kommen in unser altes Dorf hinein,
   da schaute meine Mutter aus ihrem Fensterlein.

4. „Ach Sohne, liebster Sohne, dein Aussehn gefällt mir gar nicht wohl,
   dein Höslein ist gerissen, die Strümpf, das Kamisol*."

5. „Ach Mutter, liebste Mutter, was fragt Ihr nach der Lumperei?
   An Höslein, Rock und Futter spart Ihr die Flickerei."

6. Die Mutter ging zur Küchen, sie kocht mir Nudel und Sauerkraut,
   stopft Rock und Höslein, daß ich – bin herrlich anzuschaun.

* *Kamisol = Unterjacke, Wams*

Begleitung (für Refrain oder als 2. Stimme zu singen)

1.–6. Dummel, dummel, dummel raudidera. rum-dum-dum.

Text und Melodie: volkstümlich

1. An der Saa-le hel-lem Stran-de ste-hen Bur-gen stolz und kühn,
ih-re Dä-cher sind zer-fal-len, und der Wind streicht durch die Hal-len,
Wol-ken zie-hen drü-ber hin.

2. Zwar die Ritter sind verschwunden,
nimmer klingen Speer und Schild;
doch dem Wandersmann erscheinen
aus den altbemoosten Steinen
oft Gestalten zart und mild.

3. Und der Wandrer zieht von dannen,
denn die Trennungsstunde ruft;
und er singt Abschiedslieder,
Lebewohl tönt ihm hernieder,
Tücher wehen in der Luft.

Postleitzahlenspiel

Start

- 08280 **Albernau**
- 16727 **Bärenklau**
- 06862 **Hundeluft**
- 06766 **Siebenhausen**
- 54533 **Biermühle**
- 19258 **Vier**
- 14974 **Kerzendorf**
- 21709 **Himmelpforten**
- 34593 **Knüllwald**
- 06917 **Rettig**
- 98711 **Allzunah**
- 39264 **Badewitz**
- 06528 **Hackpfüffel**
- 15324 **Herrenwiese**

Ziel

Im Wald

Text, Melodie und Satz: volkstümlich

1. Ich geh durch einen grasgrünen Wald
und höre die Vögelein singen.
Sie singen so jung, sie singen so alt,
die kleinen Vögelein in dem Wald,
die hör ich so gerne wohl singen.

2. O sing nur, singe, Frau Nachtigall!
Wer möchte dich, Sängerin, stören?
Wie wonniglich klingt's im Widerhall!
Es lauschen die Blumen, die Vögel all
und wollen die Nachtigall hören.

3. Nun muß ich wandern bergauf, bergab;
die Nachtigall singt in der Ferne.
Ich wandre so froh, so leicht am Stab,
und wie ich schreite hinauf, hinab:
die Nachtigall grüßt aus der Ferne.

Dosen Dosen Papier Papier
Dosen
Flaschen

Wer weiß einen Müllvermeidungssong?

Text: Rolf Krenzer, Melodie: Ludger Edelkötter, © Impulse

1. In un-serm Wald, dort ha-ben sie ge-haust
und lie-ßen so viel Müll zu-rück, daß ei-nem nur so graust.
Der Wald, der Wald soll wie-der sau-ber sein!
Wir sam-meln den ver-gam-mel-ten, ver-geß-nen Ab-fall ein.

Refrain
Pla-stik-be-cher, Keks-pa-pier, lee-re Do-sen, Co-la, Bier,
Schach-teln, Kip-pen, Ein-weg-fla-schen,
Zei-tun-gen und Pla-stik-ta-schen.
Weg-ge-worf-ner Dreck! Der muß end-lich weg!

Plastiktüten
Blech Blech
Glas
Röhren

2. In unsrer Stadt,
da haben sie gehaust
und ließen so viel Müll zurück,
daß einem nur so graust.
Die Stadt, die Stadt
soll wieder sauber sein!
Wir sammeln den vergammelten
vergeßnen Abfall ein.

3. In unserm Raum,
da haben sie gehaust
und ließen so viel Müll zurück,
daß einem nur so graust.
Der Raum, der Raum
soll wieder sauber sein!
Wir sammeln den vergammelten
vergeßnen Abfall ein.

Am Lagerfeuer

Das Feuer *James Krüss, © Mohn. Gestaltung: Autoren, © Klett*

1. Sprecher: Hörst du, wie die Flammen flüstern,
knicken, knacken, krachen, knistern,
wie das Feuer rauscht und saust,
brodelt, brutzelt, brennt und braust?

Alle: brooodelt brutzzzelt brennnt
brooodelt brutzzzelt brennnt

2. Sprecher: Siehst du, wie die Flammen lecken,
züngeln und die Zunge blecken,
wie das Feuer tanzt und zuckt,
trockne Hölzer schlingt und schluckt?

Alle: züngelt tanzt zuckt
züngelt tanzt zuckt

3. Sprecher: Riechst du, wie die Flammen rauchen,
brenzlig, brutzlig, brandig schmauchen,
wie das Feuer rot und schwarz,
duftet, schmeckt nach Pech und Harz?

Alle: riecht brenzlig brutzlig brandig
brenzlig brutzlig brandig

4. Sprecher: Fühlst du, wie die Flammen schwärmen,
Glut aushauchen, wohlig wärmen,
wie das Feuer flackrig-wild,
dich in warme Wellen hüllt?

Alle: Flammen schwärmen
Glut wärmt wäärmt

5. Sprecher: Hörst du, wie es leiser knackt?
Siehst du, wie es matter flackt?
Riechst du, wie der Rauch verzieht?
Fühlst du, wie die Wärme flieht?

Alle: knacken knacken knacken
Wärme flieht Wärme flieht

6. Sprecher: Kleiner wird der Feuerbraus:
Ein letztes Knistern,
ein feines Flüstern,
ein schwaches Züngeln,
ein dünnes Ringeln —
aus.

Textfassung: Heidi Kirmße, Melodie: aus Ungarn, © Volk und Wissen

1. Flak - kern - des Feu - er, Zel - te, die träu - men,
ruh - lo - ser Nacht - wind fern in den Bäu - men.
Schür die Glut und laß das Feu - er nicht ver - we - hen!
Ü - bers Jahr erst wer - den wir ein neu - es se - hen.

2. Hoch loht die Flamme, stumm wird die Runde,
Abschied zu nehmen, mahnt uns die Stunde.
Steig ein letztes Lied empor, mein Freund, nun singe,
daß es in die abendstille Weite dringe!

3. Matt wird das Feuer, bald ist's verglommen,
über uns ist die Nacht schon gekommen,
schlaf nun ein, mein Freund, sollst gute Träume finden!
Übers Jahr wirst du das Feuer neu entzünden!

Vorspiel

Auf Wie - der - sehn, Good - bye, my friends, a - de, auf Wie - der - sehn.

Text: Claus Ludwig Laue, Melodie: aus Schottland, © Georgs-Verlag

1. Nehmt Ab - schied, Brü - der, un - ge - wiß ist al - le Wie - der - kehr.
Die Zu - kunft liegt in Fin - ster - nis und macht das Herz uns schwer.
1.-3. Der Him - mel wölbt sich ü - berm Land. A - de, auf Wie - der - sehn.
Wir ru - hen all in Got - tes Hand, lebt wohl, auf Wie - der - sehn.

2. Die Sonne sinkt, es steigt die Nacht, vergangen ist der Tag.
Die Welt schläft ein und leis erwacht der Nachtigallen Schlag.

3. Nehmt Abschied, Brüder, schließt den Kreis, das Leben ist ein Spiel,
und wer es recht zu spielen weiß, gelangt ans große Ziel.

Cowboys und Indianer

Textfassung: Klaus Birkenhauer, Melodie: aus den USA, © Klett

1. Ich muß jetzt weit von Texas fort,
für's Langhorn Rind ist dort kein Ort.
2. Das Weideland umzäunt gepflügt,
die Siedler fremd und mißvergnügt.
3. So nehm ich Pferd und Lasso mit
und ziehe los im Zockelschritt.
4. Ich sag Adiós dem Alamo
und mach mich auf gen Mexiko.

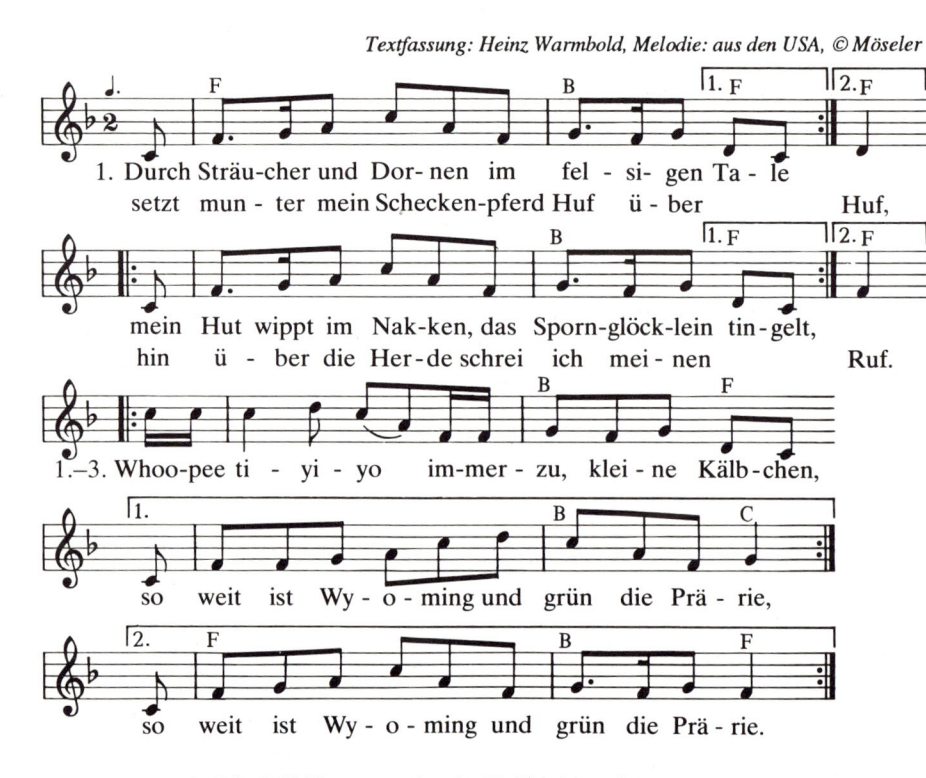

Textfassung: Heinz Warmbold, Melodie: aus den USA, © Möseler

1. Durch Sträucher und Dornen im felsigen Tale
setzt munter mein Scheckenpferd Huf über Huf,
mein Hut wippt im Nakken, das Spornglöcklein tingelt,
hin über die Herde schrei ich meinen Ruf.
1.–3. Whoopee ti - yi - yo immer zu, kleine Kälbchen,
so weit ist Wyoming und grün die Prärie,
so weit ist Wyoming und grün die Prärie.

2. Die Wildlinge werden im Frühjahr gefangen,
wir stutzen die Schwänzchen und brennen das Mal,
wir holen die Pferde und laden die Wagen
und sammeln zum Treiben die Rinder im Tal.

3. Die Mutter verließ euch im sandigen Texas,
sie füllte den Magen mit wildem Tabak.
Wir weiden euch ehrlich auf Disteln und Kaktus
und treiben euch weiter und weiter nach Nord.

Wee ya hay ya Wee ya hay ya
Wee ya hay ya Wee ya hay ya

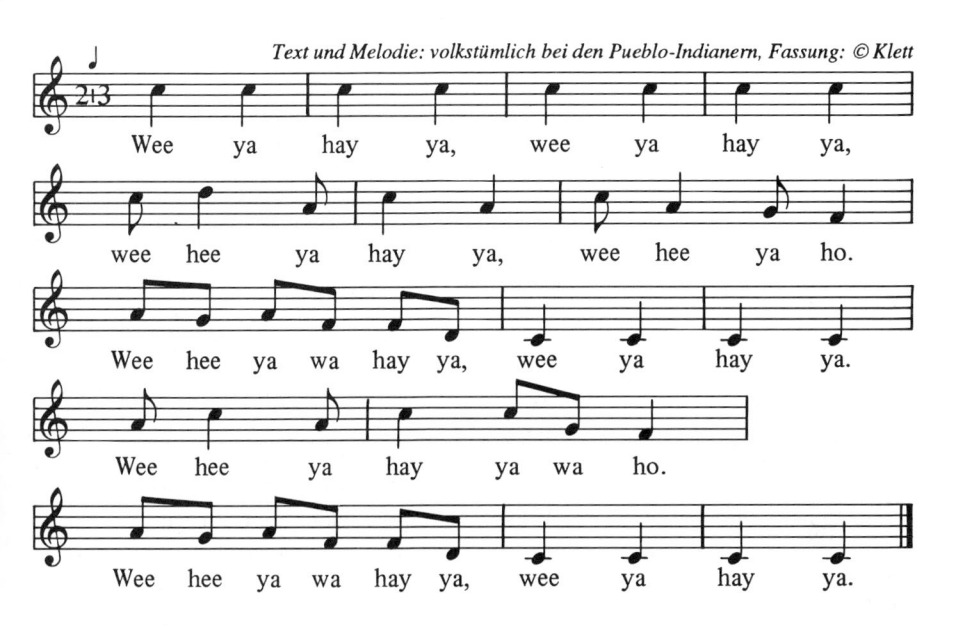

Text und Melodie: volkstümlich bei den Pueblo-Indianern, Fassung: © Klett

Wee ya hay ya, wee ya hay ya,
wee hee ya hay ya, wee hee ya ho.
Wee hee ya wa hay ya, wee ya hay ya.
Wee hee ya hay ya wa ho.
Wee hee ya wa hay ya, wee ya hay ya.

Text: Rolf Krenzer, Melodie: Inge Lotz, © Kaufmann und Kösel

1. Dik-ker Bär und Dün-ner Ad-ler rei-ten ü-ber die Prä-rie,
und an al-len La-ger-feu-ern singt man die-se Me-lo-die:
Yippi yippi ye yippi ye yippi yo! Yippi yippi ye yippi yippi yo. yippi yo.

2. Dicker Bär springt über'n Graben
und sagt laut: „Das ist nicht schwer!"
Und der Häuptling Dünner Adler
springt natürlich hinterher.
Yippi yippi ...

3. Dicker Bär schleicht durch die Wälder
und sagt leis: „Das ist nicht schwer!" ...

4. Dicker Bär späht durch die Büsche
und sagt leis: „Das ist nicht schwer!" ...

Kommt mit zur Bahnhofsbrücke

Textfassung: Jochen Krüger, Melodie: aus den USA, © Klett

1. Kommt mit zur Bahnhofsbrücke! **TSCH TSCH**
   Kommt mit zur Bahnhofsbrücke! **TSCH TSCH**
   Dort wolln wir gukken, auf Züge spukken.
   Kommt mit zur Bahnhofsbrücke! **TSCH TSCH**

2. |: Spürst du, wie's rollt und rattert? :| **RRRRRR**
   Das ist die Bimmelbahn direkt aus Pakistan.
   Spürst du, wie's rollt und rattert. **RRRRRR**

3. |: Hörst du den Zug dort tuten? :| **TUT TUT**
   Das ist der T E E, vom Titicacasee.
   Hörst du den Zug dort tuten? **TUT TUT**

4. |: Siehst du den Dampf hochzischen? :| **ZSCH ZSCH**
   Das ist die Dampflok, aus Wladiwostok.
   Siehst du den Dampf hochzischen? **ZSCH ZSCH**

5. |: Kommt auf die Bahnhofsbrücke! :| **TSCH TSCH**
   Dort wolln wir warten, wenn Züge starten.
   Kommt auf die Bahnhofsbrücke! **TSCH TSCH**

Textfassung: Willi Träder, Melodie: aus den USA, © Möseler

Hal-lo, nun macht die Strecke frei! CHIKAHANKA

Hal-lo, nun macht die Strecke frei! CHIKAHANKA

Könnt ein Weil-chen ruhn, der T E E kommt nun.
                                        Güterzug

Hal-lo, nun macht die Strecke frei!

Trara die Post ist da

Text und Melodie: volkstümlich

1. Tra - ra, die Post ist da, tra - ra, die Post ist da.
Es bläst sein Lied der Po-stil-lion, man hört den Ton von wei-tem schon.
Tra - ra, die Post ist da, tra - ra, die Post ist da.
Tra - ra, tra - ra, tra - ra, tra - ra, tra - ra, die Post ist da.

2. Trara, die Post ist da.
Die Pferde kommen trippeltrab
in schnellem Lauf den Berg herab.
Trara, die Post ist da.

3. Trara, die Post ist da.
Der Postillion ist schon zur Stell',
und jeder hat sein Brieflein schnell.
Trara, die Post ist da.

Text und Melodie: aus Österreich, 2. und 3. Strophe: James Krüss, © Klett

1.–3. Ich fahr, ich fahr, ich fahr mit der Post.
1. Fahr mit der Schnek-ken-post, die mich kein' Kreu-zer kost'.
1.–3. Ich fahr, ich fahr, ich fahr mit der Post.

2. Spann die sechs Schimmel ein,
du sollst der Kutscher sein!

3. Fahre im Schneckentrab,
dann bricht kein Rad uns ab!

Text und Melodie: volkstümlich

Ich bin der Postillion aus dem Schleswi-ger-land, Schleswi-ger-land;
wir ha-ben's ja er-fah-ren von Lan-de zu Land.
Ei, so fahrn wir al-le-zeit als kreuz-fi-de-le Leut,
und wer mit uns will fah-ren, hat im-mer sei-ne Zeit.
Wer da mit will fah-ren, steig her-auf auf den Wa-gen;
fahr ich ab von der Sta-tion, blas ich lei-se in mein Horn.

Traktor und Pflug

Hans Adolf Halbey, © Beltz.
Gestaltung: © Klett

taketa ta-ka

taketa taka

taketa taka

taketa ta ka ta keta ta — ka taketa ta —
           Ein | Traktor   kommt um die | Ecke ge-   rattert.

          ka   taketa   ta — ka   taketa   ta —
          Man | kennt ihn   gleich, wie er | klappert und   knattert

          ka   taketa   ta —
          und | rüttelt und   ruckelt

          ka   taketa   ta —
          und | zittert und   knackt

          ka   taketa   ta —
          und | schüttelt und   zuckelt

          ka   taketa   ta —
          und | stottert im   Takt

          ka   taketa   ta — ka   taketa   taka
          bis | unter die   Brücke zum | dicken   Bagger

               taketa   ta — ka   taketa   tak
               | wackelt der   Traktor mit | take   ta   tak

                    taketa   taka
                    taketa   pfff
                    take   pfff
                    take   aus.

Dann geht der Traktorfahrer nach Haus.

Textfassung: Luise Leonhardt, Melodie: volkstümlich, © Möseler

1. Und der Bauer pflügt am Wegesrand rand.

1.–7. Hü, Ochs, rechts, brrr, links am Wegesrand Wegrand.

2. Geht mit krummen Beinen über's Land.
3. Hat die bunten Ochsen vorgespannt.
4. Seinen Sack er an die Birke band.
5. Kamen Buben aus dem Wald gerannt.
6. Stahlen weg den Sack mit frecher Hand.
7. Worin immer er sein Frühstück fand.

Textfassung: Walther Hensel, Melodie: volkstümlich, © Bärenreiter

1. Im Märzen der Bauer die Rößlein einspannt;
   er setzt seine Felder und Wiesen instand.
   Er pflüget den Boden, er egget und sät
   und rührt seine Hände früh morgens und spät.

2. Die Bäurin, die Mägde, sie dürfen nicht ruhn;
   sie haben im Haus und im Garten zu tun.
   Sie graben und rechen und singen ein Lied;
   sie freun sich, wenn alles schön grünet und blüht.

3. So geht unter Arbeit das Frühjahr vorbei;
   da erntet der Bauer das duftende Heu.
   Er mäht das Getreide, dann drischt er es aus;
   im Winter, da gibt es manch fröhlichen Schmaus.

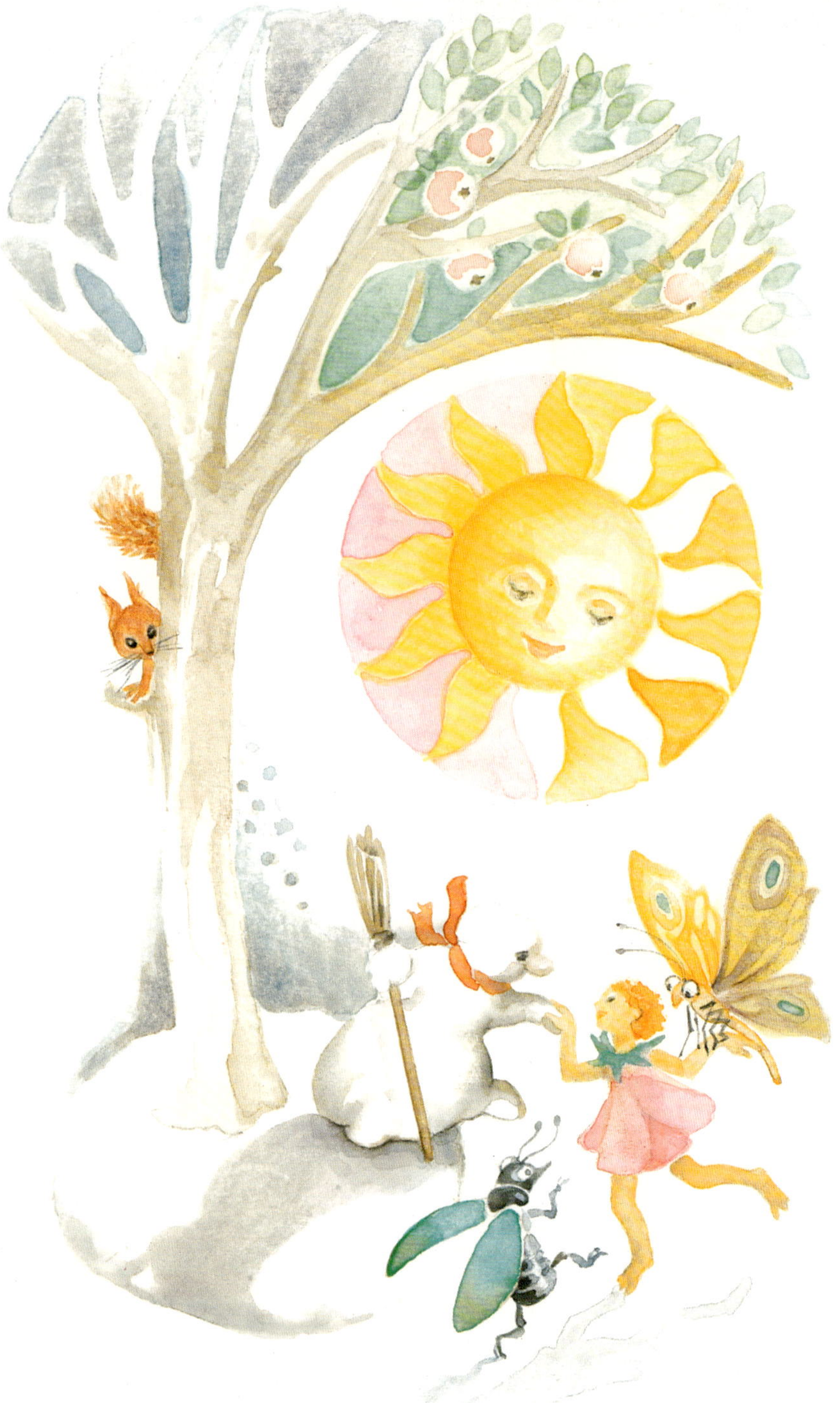

Tageskreis
Jahreskreis

Text und Melodie: volkstümlich

1. Wa-chet auf, wa-chet auf, es kräh-te der Hahn!
2. Die Son-ne be-tritt ih-re gol-de-ne Bahn.

Guten Morgen

Nach volkstümlichen Elementen: Peter Fuchs / Willi Gundlach, © Klett

1. Gu-ten Mor-gen, gu-ten Mor-gen!
2. Good mor-ning, good mor-ning!
3. Bue-nos di-as, bue-nos di-as!
4. Buon gior-no, buon gior-no!

Text und Melodie: aus Frankreich

1. Mei-ster Ja-kob, Mei-ster Ja-kob,
   Frè-re Jac-ques, Frè-re Jac-ques,
2. schläfst du noch, schläfst du noch?
   dor-mez vous, dor-mez vous?
3. Hörst du nicht die Glok-ken, hörst du nicht die Glok-ken?
   Son-nez les ma-ti-nes, son-nez les ma-ti-nes?
4. Ding, dong, ding, ding, dong, ding!

Text: Eva Rechlin, Melodie: Heinz Lemmermann, © Fidula

1. Wenn die Sonne ihre Strahlen morgens durch das Fenster schießt,
daß sie deine Nase kitzeln, bis du, halb im Schlaf noch, niest,
hat sie eine lange Reise stets schon hinter sich gebracht,
die beginnt, wenn du noch schlummerst, fern im Osten und bei Nacht.

La la la la la la la, la la la la la la la,
la la la la la la la, la la la la la la la, la.

2. Liegst du noch in schönsten Träumen, fängt die Sonnenfahrt schon an,
langsam rollt sie über China, zur Türkei, zum Muselman,
läßt die Mongolei im Rücken, war in Rußland, in Tibet,
sah Arabien und Indien, bis sie hier am Himmel steht.

3. Und gehst du am Abend schlafen, reist sie weiter um die Welt,
klettert westwärts hinterm Walde, hinterm Berge oder Feld,
flugs in einen andern Himmel, den von Kuba und Peru
und weckt dort die Indianer, und die niesen dann wie du.

Zur Begleitung (1. Teil)

Guten Abend

Text: Matthias Claudius, Melodie: Johann Abraham P. Schulz

1. Der Mond ist aufgegangen,
   die gold-nen Stern-lein pran-gen am Him-mel hell und klar.
   Der Wald steht schwarz und schwei-get,
   und aus den Wie-sen stei-get der wei-ße Ne-bel wun-der-bar.

2. Wie ist die Welt so stille
   und in der Dämmrung Hülle
   so traulich und so hold!
   Als eine stille Kammer
   wo ihr des Tages Jammer
   verschlafen und vergessen sollt.

3. Seht ihr den Mond dort stehen?
   Er ist nur halb zu sehen
   und ist doch rund und schön.
   So sind wohl manche Sachen,
   die wir getrost belachen,
   weil unsre Augen sie nicht sehn.

4. So legt euch denn, ihr Brüder,
   in Gottes Namen nieder;
   kalt ist der Abendhauch.
   Verschon uns, Gott, mit Strafen,
   und laß uns ruhig schlafen
   und unsern kranken Nachbarn auch.

Textfassung: Marianne Gräfe, Melodie: aus der Slowakei, © Päd. Staatsverlag, Prag.
Satz: Sonja Hoffmann, © Klett

1. Leise ein Windhauch die Blätter wiegt,
   lauscht, ob das Kind schon in Träumen liegt.
   Still und sacht kommt die Nacht,
   will, daß kein Müder mehr sorgt und wacht.

2. Fernher tönt deutlich der Turmuhr Schlag.
   Schlafe, mein Kind, bald ist wieder Tag.
   Sternenschein hüllt dich ein.
   Schlafe, denn früh willst du munter sein!

Text und Melodie: A. W. F. Zuccalmaglio

1. Kein schöner Land in dieser Zeit, als hier das uns-re weit und breit, wo wir uns fin-den wohl unter Linden zur Abendzeit Abend-zeit.

2. Da haben wir so manche Stund
gesessen da in froher Rund
und taten singen;
die Lieder klingen
im Eichengrund.

3. Daß wir uns hier in diesem Tal
noch treffen soviel hundertmal,
Gott mag es schenken,
Gott mag es lenken,
er hat die Gnad.

4. Nun, Brüder, eine gute Nacht!
Der Herr im hohen Himmel wacht;
in seiner Güte
uns zu behüten,
ist er bedacht.

Textfassung: James Krüss, Melodie: Heino Schubert, © Klett

1. Der Mond ist so rund wie die Uhr auf dem Flur.
Er scheint auf die Die-be und zeigt ih-re Spur.
Er scheint auf die Stra-ße, das Feld und den Ha-fen,
er scheint auf den Baum, wo die Vö-ge-lein schla-fen.

2. Die kreischende Katze, die quiekende Maus,
der heulende Hund an der Tür vor dem Haus,
die Fledermaus, welche so geisterhaft sacht,
sie alle gehn aus unterm Mondschein bei Nacht.

3. All jene jedoch, die dem Tage gehören,
die liegen im Schlaf, um den Mond nicht zu stören.
Drum schließen die Kinder und Blumen die Lider,
bis strahlend am Morgen die Sonne kehrt wieder.

Die Jahresuhr

Text und Melodie: Rolf Zuckowski, © Musik für Dich

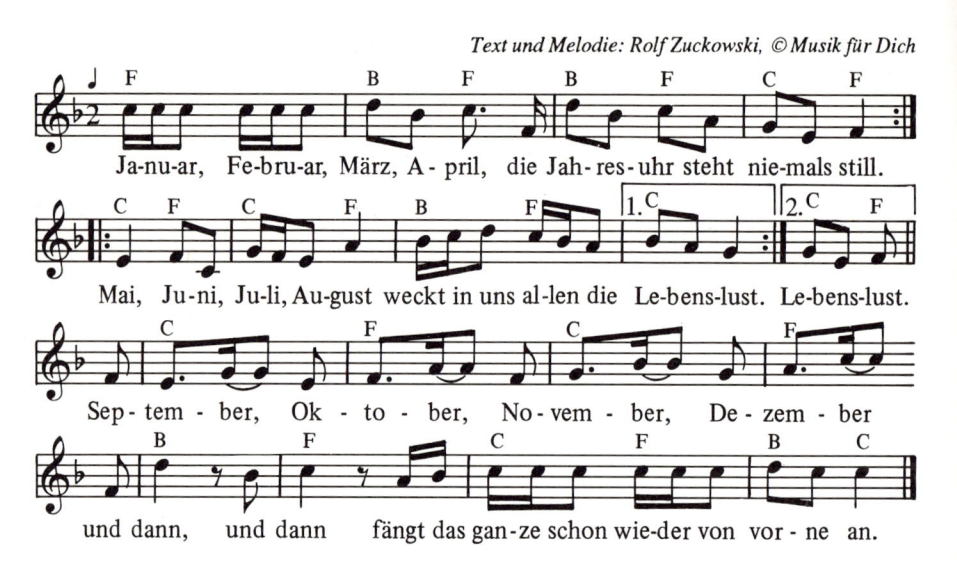

Ja-nu-ar, Fe-bru-ar, März, A-pril, die Jah-res-uhr steht nie-mals still.
Mai, Ju-ni, Ju-li, Au-gust weckt in uns al-len die Le-bens-lust. Le-bens-lust.
Sep-tem-ber, Ok-to-ber, No-vem-ber, De-zem-ber
und dann, und dann fängt das gan-ze schon wie-der von vor-ne an.

1. Durchgang

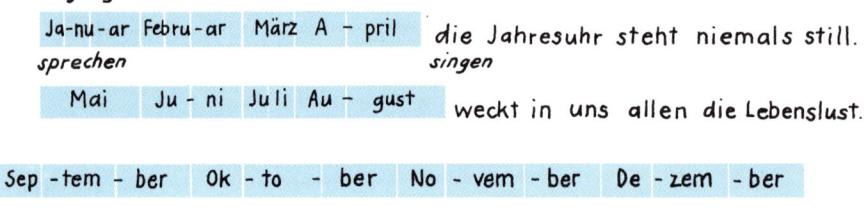

Ja-nu-ar Febru-ar März A-pril die Jahresuhr steht niemals still.
sprechen   *singen*

Mai Ju-ni Juli Au-gust weckt in uns allen die Lebenslust.

Sep-tem-ber Ok-to-ber No-vem-ber De-zem-ber

und dann, und dann fängt das ganze schon wieder von vorne an.

2. Durchgang

☐☐☐ ☐☐☐ März A-pril die Jahresuhr steht niemals still.
klatschen   *sprechen*   *singen*

☐☐☐ ☐☐☐ Juli Au-gust weckt in uns allen die Lebenslust.

☐☐☐ ☐☐☐ ☐☐☐ No-vem-ber De-zem-ber

und dann, und dann fängt das ganze schon wieder von vorne an.

3. Durchgang: *Alle Monatsnamen klatschen, den Rest singen.*

Text und Melodie: volkstümlich, Satz: Willi Gundlach, © Klett

Wir hassen die Sorgen und jagen sie gar!
Der Himmel verspricht uns ein fröhliches Jahr.

1. Der Januar von Norden die Erde zerspalt',
   der Winter wird kräftig, das Wasser wird kalt.

2. Der Februar, der bringt uns die Fastnacht heraus,
   da halten wir all einen fröhlichen Schmaus.

3. Im Märzen der Bauer die Ochsen einspannt.
   Er pflüget, er egget und dünget das Land.

4. April dann bekleidet die Erde mit Klee,
   bald bringt er uns Regen, bald bringt er uns Schnee.

5. Der Mai alle Wiesen mit Blumen prächtig schmückt.
   Der Bursch seinem Liebchen ein Sträußchen zuschickt.

6. Im Juni, da stehet die Sonn im höchsten Stand,
   da dürsten die Menschen, das Vieh und das Land.

7. Der Juli wird wärmer, die Sonne erhitzt.
   Darinnen entstehet viel Donner und Blitz.

8. August nun läßt sammeln in Scheunen die Frucht,
   da werden die Pilze im Walde gesucht.

9. September durchstreifet der Jäger den Wald.
   Die Rehe erjagt er, sein Horn laut erschallt.

10. Oktober muß geben dem Wein seine Kraft,
    daraus man dann keltert den fröhlichen Saft.

11. November hat Gänse und Schweine gemäst',
    da essen und trinken wir alle auf's best.

12. Dezember macht Felder und Fluren schneeweiß.
    Das Jahr ist zu Ende. Gott ewig sei Preis!

Der Frühling kehrt wieder

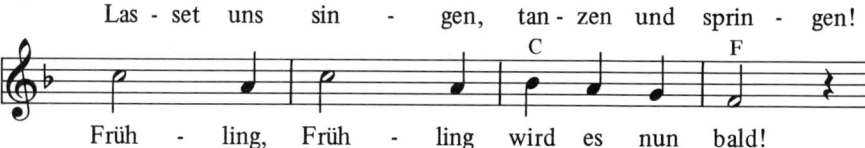

Text: A.H. Hoffmann von Fallersleben, Melodie: aus Österreich

1. Kuk-kuck, Kuk-kuck ruft's aus dem Wald.
Las-set uns sin-gen, tan-zen und sprin-gen!
Früh-ling, Früh-ling wird es nun bald!

2. Kuckuck, Kuckuck läßt nicht sein Schrei'n.
Kommt in die Felder, Wiesen und Wälder!
Frühling, Frühling, stelle dich ein!

3. Kuckuck, Kuckuck, trefflicher Held!
Was du gesungen, ist dir gelungen,
Winter, Winter räumet das Feld.

Vorspiel

Text: Johanna Kraeger, Melodie: Irmgard Krauthoff, © Dt. Verlag für Musik Leipzig

1. Die klei-nen Wei-den-kätz-chen am gro-ßen Wei-den-baum,
die strek-ken ih-re Tätz-chen im er-sten Früh-lings-traum.

2. Die Sonne hat geschienen,
da blühten sie voll Kraft.
Es kamen all die Bienen
und sogen süßen Saft.

3. Sie bauen goldne Waben
in ihrem Bienenhaus
und können Honig haben
aus jedem Kätzchenstrauß.

Text und Melodie: volkstümlich

1. Es tö-nen die Lie-der, der Früh-ling kehrt wie-der,
2. es spie-let der Hir-te auf sei-ner Schal-mei.
3. Tra-la-la-la-la-la-la-la, tra-la-la-la-la-la-la-la.

Text und Melodie: volkstümlich, Satz: Walter Rein, © Möseler

1. Nun will der Lenz uns grü-ßen, von Mit-tag weht es lau,
   aus al-len Ek-ken sprie-ßen die Blu-men rot und blau;
   draus wob die brau-ne Hei-de sich ein Gewand gar fein
   und lädt im Fest-tags-klei-de zum Mai-en-tan-ze ein.

2. Waldvöglein Lieder singen, wie ihr sie nur begehrt;
   drum auf zum frohen Springen, die Reis' ist Goldes wert!
   Hei, unter grünen Linden, da leuchten weiße Kleid'!
   Heija, nun hat uns Kindern ein End all Wintersleid!

Frühlingszeit

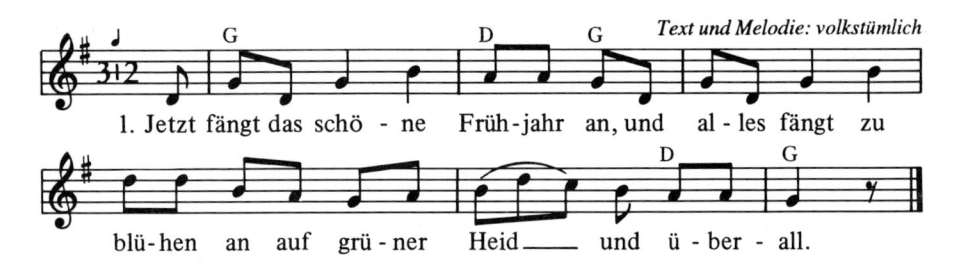

Text und Melodie: volkstümlich

1. Jetzt fängt das schö-ne Früh-jahr an, und al-les fängt zu blü-hen an auf grü-ner Heid und ü-ber-all.

2. Es blühen Blümlein auf dem Feld,
sie blühen weiß, blau, rot und gelb,
es gibt nichts Schöners auf der Welt.

3. Jetzt geh ich über Berg und Tal,
da hört man schon die Nachtigall
auf grüner Heid und überall.

Sprechspiel

summmen brummmen summmen brummmen

schwirren schweben huschen
tan zen tan zen tan zen
tan zen tan zen

Vorspiel

Text und Melodie: Wolfgang Spode, © Fidula

Hum-meln sum-men, Hum-meln brum-men,
schwir-ren, schwe-ben, hu-schen um die bun-ten Blu-men,
tan-zen ei-nen Früh-lings-tanz.

Zur Begleitung

Text: nach Ch. A. Overbeck, Melodie: Wolfgang Amadeus Mozart

1. Komm lieber Mai, und mache die Bäume wieder grün,
und laß mir an dem Bache die kleinen Veilchen blühn!
Wie möcht ich doch so gerne ein Veilchen wieder sehn,
ach, lieber Mai, wie gerne einmal spazierengehn!

2. Zwar Wintertage haben wohl auch der Freuden viel,
man kann im Schnee frisch traben und treibt auch Abendspiel,
baut Häuserchen von Karten, spielt Blindekuh und Pfand;
auch gibt's wohl Schlittenfahrten ins liebe freie Land.

3. Doch wenn die Vöglein singen, und wir dann froh und flink
auf grünem Rasen springen, das ist ein ander Ding!
Drum komm und bring vor allem uns viele Veilchen mit,
bring auch viel Nachtigallen und schöne Kuckucks mit!

Text und Melodie: volkstümlich

1. Grüß Gott, du schöner Maien, da bist du wiedrum hier,
tust jung und alt erfreuen mit deiner Blumen Zier.
Die lieben Vöglein alle, sie singen also hell;
Frau Nachtigall mit Schalle hat die fürnehmste Stell.

2. Die kalten Wind verstummen, der Himmel ist gar blau;
die lieben Bienlein summen daher auf grüner Au.
O holde Lust im Maien, da alles neu erblüht;
du kannst mich sehr erfreuen, mein Herz und mein Gemüt.

Sommerszeit

Text und Melodie: volkstümlich

1.-3. Tra - ri - ra, der Sommer, der ist da!

1. Wir wollen in den Garten
und wolln des Sommers warten.

1.-3. Ja, ja, ja, der Sommer, der ist da!

2. Wir wollen hinter die Hecken
und wolln den Sommer wecken.

3. Der Sommer hat gewonnen,
der Winter ist zerronnen.

Textfassung: Ortfried Pörsel, Melodie: aus der Türkei, © Fidula

1.+3. Brennt die Sonne Staub und Steine,
dann ermüden Arm' und Beine;

(Schluß)

wenn die trocknen Winde streichen,
denken wir an einen reichen Tag.

1.-3. Apfelsinen und Melonen,
Feigen, Nüsse, Reis und Bohnen

Schluß

soll uns dieser Sommer bringen,
daß ich ihn getrost besingen mag.

2. Drückt die Hitze auf die Steppen,
müssen wir das Wasser schleppen,
und an Brunnen und Zisternen
denken wir an einen fernen Tag.
Apfelsinen und Melonen …

Bausteine für die Liedbegleitung

Sprechspiel

Reisen
zu Fuß auf Rädern hoch durch die Luft
auf Wegen auf Straßen auf Schienen

Text: Erika Engel, Melodie: Friedel Heddenhausen, © Dt. Verlag für Musik Leipzig.
Satz: Elke Wolf, © Klett

1. Es wollen zwei auf Reisen gehn und sich die weite Welt besehn:
Der Koffer macht den Rachen breit: Komm mit, es ist so weit:
Wohin, sag wohin, ja wohin?

1.–4. Wohin soll denn die Reise gehn? Ja wohin?
dahin, ja dahin.
Wo wir den bunten Sommer sehn, ja dahin.

2. Weil heiß das Reisefieber brennt,
weckt es die Lust, die jeder kennt,
hinauszuziehn im Wanderschritt.
Es ist soweit, komm mit!

3. Der Sommertag, wie schön er war –
so blumenbunt und sonnenklar.
Die Bahn auf blanker Schienenspur
durch grüne Landschaft fuhr.

4. Sie kommen schon – das Ziel ist nah!
Es trägt die Mundharmonika
den frohen Klang den Weg zurück –
das Lied vom Ferienglück.

Herbstzeit

Text: volkstümlich, Melodie: aus England

1. He - jo, spann den Wagen an;
2. denn der Wind treibt Regen übers Land.
3. Hol die gold-nen Garben, hol die gold-nen Garben.

Textfassung: Gerhard Bünemann, Melodie: aus Dänemark, © Möseler

Leer sind die Felder, und voll ist die Scheune,
und der Müller in der Mühle mahlt das Korn zu Mehl.
Recht die Felder ab, aber nicht zu knapp!
Vögelein und Mäuschen kriegen auch noch etwas ab.

Heut laßt uns schütteln die allerletzten Bäume,
darum sind die Burschen und die Mädchen so fidel.

Text und Melodie: volkstümlich

1. Ihr Blät-ter, wollt ihr tan-zen? so rief im Herbst der Wind.
„Ja, ja, wir wol-len tan-zen, ja, ja, wir wol-len tan-zen,
komm, hol uns nur ge-schwind."

2. Da fuhr er durch die Äste
und pflückte Blatt um Blatt.
„Nun ziehen wir zum Feste,
nun ziehen wir zum Feste,
nun tanzen wir uns satt."

Vorspiel

Text: Ursula Wölfel, Melodie: Heinz Lemmermann, © Fidula

1. Sie-ben Schwal-ben sit-zen dort
auf dem Draht und schrei'n und schrei'n:
Es geht fort! Es geht fort!
Bald wird Win-ter sein!

Es geht fort!
Es ist Zeit!
Übers Meer!
Es geht fort!
Es ist Zeit!

2. Siebzig Schwalben! Hin und her
flattern sie und schrei'n und schrei'n:
Übers Meer! Übers Meer!
Bald wird Winter sein!

3. Siebenhundert Schwalben! Weit
ziehn sie fort und schrei'n und schrei'n:
Es ist Zeit! Es ist Zeit!
Bald wird Winter sein!

2. Stimme

Bald wird Win-ter!

Winterfreuden

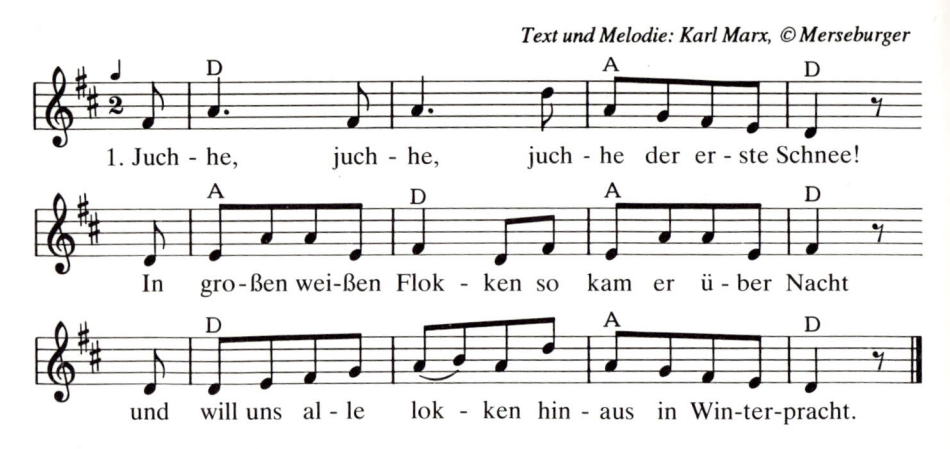

Text und Melodie: Karl Marx, © Merseburger

1. Juch - he, juch - he, juch - he der er - ste Schnee!
In gro - ßen wei - ßen Flok - ken so kam er ü - ber Nacht
und will uns al - le lok - ken hin - aus in Win - ter - pracht.

2. Juchhe, juchhe,
   erstarrt sind Bach und See!
   Herbei von allen Seiten
   auf's glitzerblanke Eis,
   dahin, dahin zu gleiten
   nach alter froher Weis!

3. Juchhe, juchhe,
   jetzt locken Eis und Schnee!
   Der Winter kam gezogen
   mit Freuden mannigfalt,
   spannt seinen weißen Bogen
   weit über Feld und Wald.

Text und Melodie: volkstümlich

1. Schnee - flöck - chen, Weiß - röck - chen, jetzt kommst du ge - schneit,
du wohnst in den Wol - ken, dein Weg ist so weit.

2. Komm, setz dich ans Fenster, du lieblicher Stern,
   malst Blumen und Blätter; wir haben dich gern.

3. Schneeflöckchen, Weißröckchen, komm zu uns ins Tal;
   dann baun wir den Schneemann und werfen den Ball.

Text und Melodie: Rolf Zuckowski, © Musik für Dich

(A)
Es schneit, es schneit. Kommt al - le aus dem Haus!
Es schneit, es schneit, das müßt ihr ein - fach sehn!

Die Welt, die Welt sieht wie ge-pu-dert aus.
Kommt mit, kommt mit! Wir wol - len ro-deln gehn.

(B1)
Wir lau-fen durch die wei-ße Pracht und ma-chen ei-ne Schneeballschlacht,
a - ber bit - te nicht mit - ten ins Ge - sicht. *von vorne*

(C)
Aus grau wird weiß, aus laut wird leis,
die Welt wird zugedeckt,
und von der Frühlings-

wird sie wieder aufgeweckt.

(B2)
Wir holen unsre Schlitten raus
und laufen in den Wald hinaus,
und dann bauen wir den Schneemann vor der Tür.

Reihenfolge: (A) (B1) (A) (C) (A) (B2) (A) (C) (A)

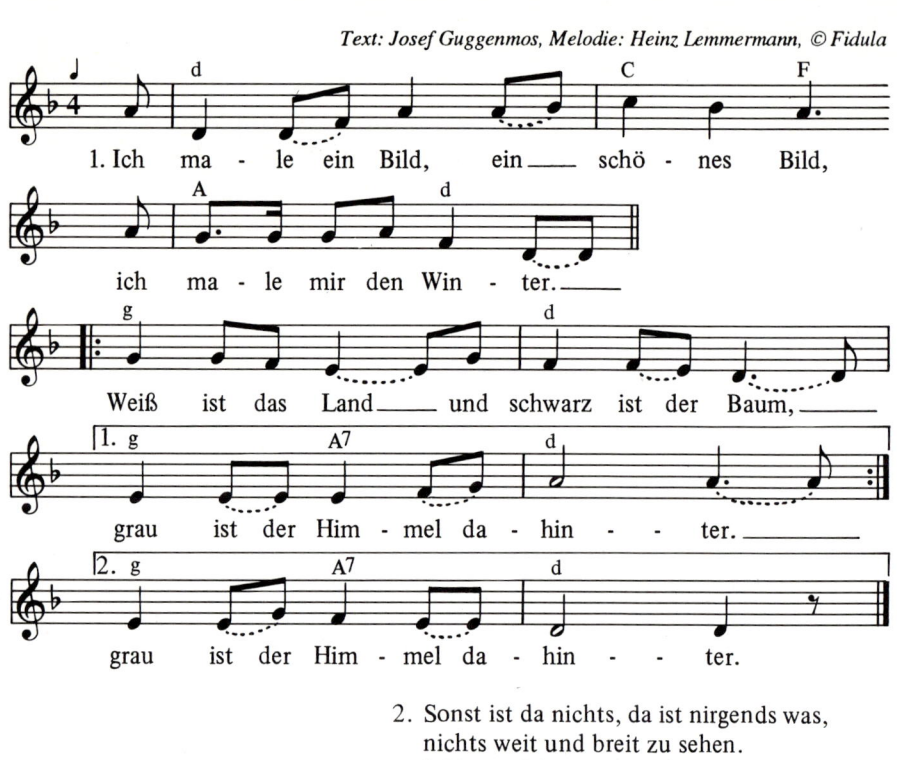

Ich male mir den Winter

Text: Josef Guggenmos, Melodie: Heinz Lemmermann, © Fidula

1. Ich male ein Bild, ein schönes Bild,
ich male mir den Winter.
Weiß ist das Land und schwarz ist der Baum,
grau ist der Himmel dahinter.

2. Sonst ist da nichts, da ist nirgends was,
nichts weit und breit zu sehen.
|: Nur auf dem Baum, dem schwarzen Baum,
hocken zwei schwarze Krähen. :|

3. Die Krähen nun, was tun die zwei,
was tun sie auf den Zweigen?
|: Sitzen sie dort und fliegen nicht fort.
Sie frieren nur und schweigen. :|

4. Mein Bild, wer's besieht, wie's da Winter ist,
der wird den Winter spüren.
|: Der zieht einen dicken Pullover an
vor lauter Zittern und Frieren. :|

Textfassung: Barbara Heuschober, Melodie: aus Norwegen, © Autorin

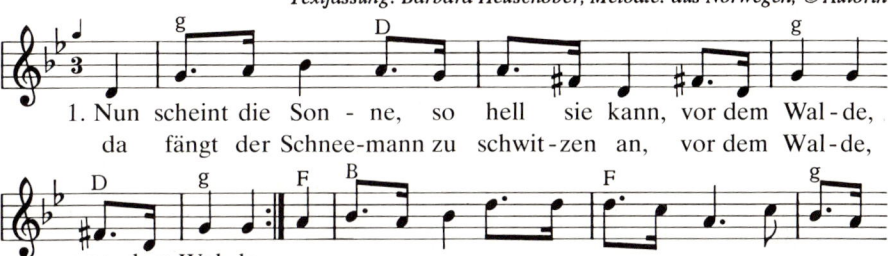

1. Nun scheint die Sonne, so hell sie kann, vor dem Walde,
da fängt der Schneemann zu schwitzen an, vor dem Walde,
vor dem Walde,
vor dem Walde.
Vor Wut wird er schon ganz gelb und grau, und immer
glänzt der Himmel klar und blau, vor dem Walde vor dem Walde.

2. Ach, armer Schneemann, was wird aus dir?
„Lauter Wasser, lauter Wasser!
Von Hals und Nase schon rinnt es hier
immer nasser, immer nasser!"
Die Zeit vergeht, kommt der Frühling her;
die Lerche singt: „Hier ist kein Schneemann mehr,
lauter Wasser, lauter Wasser."

3. Die Schwalbe ruft: „Er ist nicht mehr dort
vor dem Walde, vor dem Walde!"
Der Rabe schreit: „Er ist endlich fort
vor dem Walde, vor dem Walde!"
Der Bach, der fließt durch das helle Land,
die Blumen blühen, wo der Schneemann stand,
vor dem Walde, vor dem Walde.

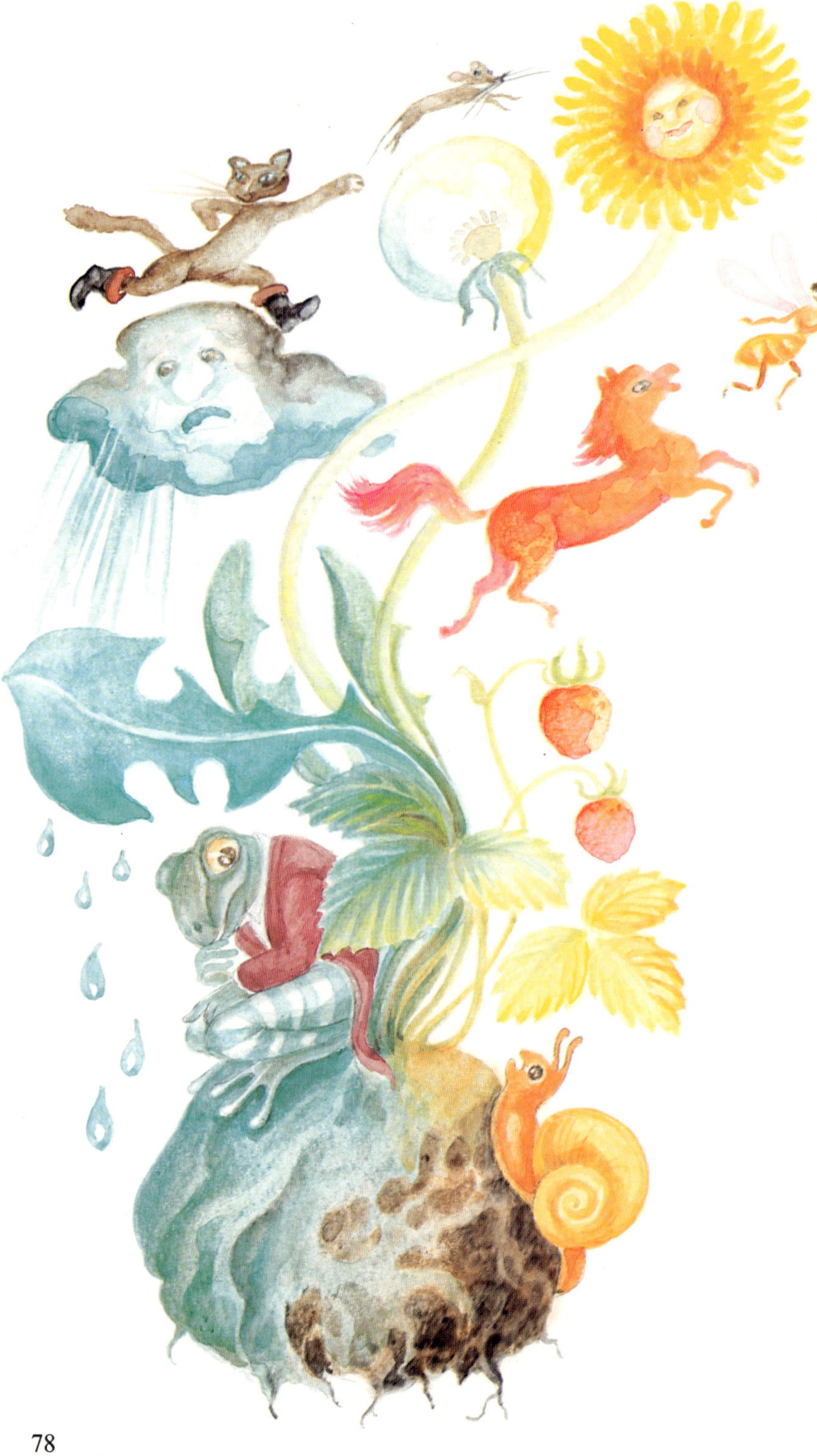

Natur um uns

1. Es war ein-mal ein brau-ner Bär,

brumm, brumm, brumm,

der tanz-te so von un-ge-fähr

rund - her - um.

Text: Marianne Garff,
Melodie: Wilhelm Keller,
© Fidula

Tierstimmenwettstreit

Text: A. H. Hoffmann von Fallersleben, Melodie: Karl Friedrich Zelter

1. Der Kuk-kuck und der E-sel, die hat-ten ei-nen Streit, wer wohl am be-sten sän - ge, wer wohl am be-sten sän - ge, zur schö-nen Mai-en - zeit, zur schö-nen Mai-en - zeit.

2. Der Kuckuck sprach: „Das kann ich!"
   und hub gleich an zu schrein.
   |: „Ich aber kann es besser!" :|
   |: fiel gleich der Esel ein. :|

3. Das klang so schön und lieblich,
   so schön von fern und nah.
   |: Sie sangen alle beide: :|
   |: „Kuckuck, kuckuck, ia!" :|

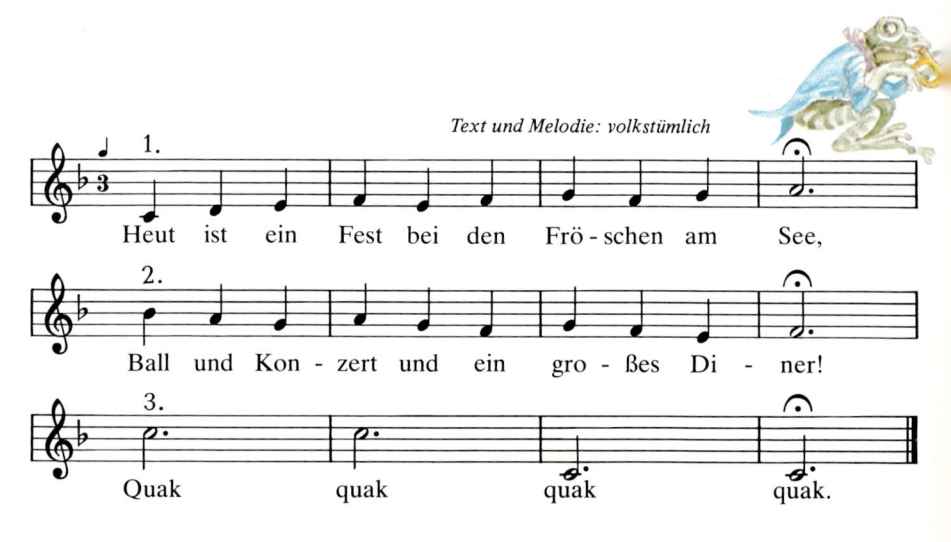

Text und Melodie: volkstümlich

1. Heut ist ein Fest bei den Frö-schen am See,
2. Ball und Kon - zert und ein gro - ßes Di - ner!
3. Quak quak quak quak.

Text: volkstümlich, Melodie: Helmut Böhmer, © Autor

1. Ich weiß ein Kätzchen wunder-nett, ein Kätzchen weiß und grau; und wenn es in die Stube will, so schreit's: Miau, miau!

2. Und wenn das Kätzchen essen will,
   so schmeichelt es der Frau
   und schreit und bettelt immerfort:
   Miau, miau, miau!

3. Und wenn des Nachbars Hündchen kommt
   und bellt es an: Wau, wau!
   so springt es auf den Baum und schreit:
   Miau, miau, miau!

Sprechspiel

huuuu huhuuuu huhuuuuu
huuuu huhuuuuu huhuuuuuu
huuuuu huhuuuuu huhuuuuuu

Text und Melodie: Margarete Jehn, © Autorenverlag Worpsweder Musikwerkstatt

1. Es sitzen drei kleine Eulen, huu, huu, im Eulenturm und heulen, huu, huu!

2. „Wo bist du, Eulenmutter, huu, huu!"
   „Ich flieg und hole Futter, huu, huu!"

3. „Wo bist du, Eulenvater, huu, huu!"
   „Ich sitz bei Fritz, dem Kater, huu, huu!"

4. „Was hat er zu berichten, huu, huu!"
   „Nur Katz- und-Maus-Geschichten, huu, huu!"

5. „Wir rufen schon so lange, huu, huu!"
   „Wir kommen, seid nicht bange, huu, huu!"

Vogelkonzert

Textfassung: Heinz Warmbold, Melodie: aus Australien, © Autor

1. Koo-ka-bur-ra sitzt auf dem ho-hen Gum-baum,
2. kichert in den Him-mel und tut sich um-schaun.
3. He, Koo-ka-bur-ra, he, Koo-ka-bur-ra
4. bist ein Kö-nig du.

Text und Melodie: volkstümlich

1. Wenn die Nach-ti-gal-len schla-gen, ei, wem sollt es nicht be-ha-gen!
Tjo tjo, tjo, tjo, tü tü tü, zirr zirr zirr zirr zirr,
tjo tjo tjo tjo tjo, tjo tjo tjo tjo tjo,
ei, wem sollt es nicht be-ha-gen!

2. Doch die Frösch' in ihren Lachen,
   hört nur, was für Lärm sie machen: Quak quak ...

3. Mancher hebet an zu singen,
   und er meint, es müsse klingen: Tjo tjo ...

4. Doch es klingt wie Froschgequake
   und wie aus dem Dudelsacke: Quak quak ...

Text und Melodie: volkstümlich

1. Die Vögel wollten Hochzeit halten in dem grünen Walde.

1.–10. Fide-ra-la-la, fi-de-ra-la-la, fi-de-ra-la-la-la-la.

2. Die Drossel war der Bräutigam, die Amsel war die Braute.
3. Die Lerche, die Lerche, die führt die Braut zur Kerche.
4. Der Wiedehopf, der Wiedehopf, der schenkt der Braut 'nen Blumentopf.
5. Der Spatz, der kocht das Hochzeitsmahl, verzehrt die schönsten Bissen all.
6. Die Gänse und die Anten, das sind die Musikanten.
7. Der Pfau mit seinem bunten Schwanz, der führt die Braut zum ersten Tanz.
8. Brautmutter war die Eule, nimmt Abschied mit Geheule.
9. Frau Kratzefuß, Frau Kratzefuß gibt allen einen Abschiedskuß.
10. Nun ist die Vogelhochzeit aus, und alle ziehn vergnügt nach Haus.

Text: A. H. Hoffmann von Fallersleben, Melodie: volkstümlich

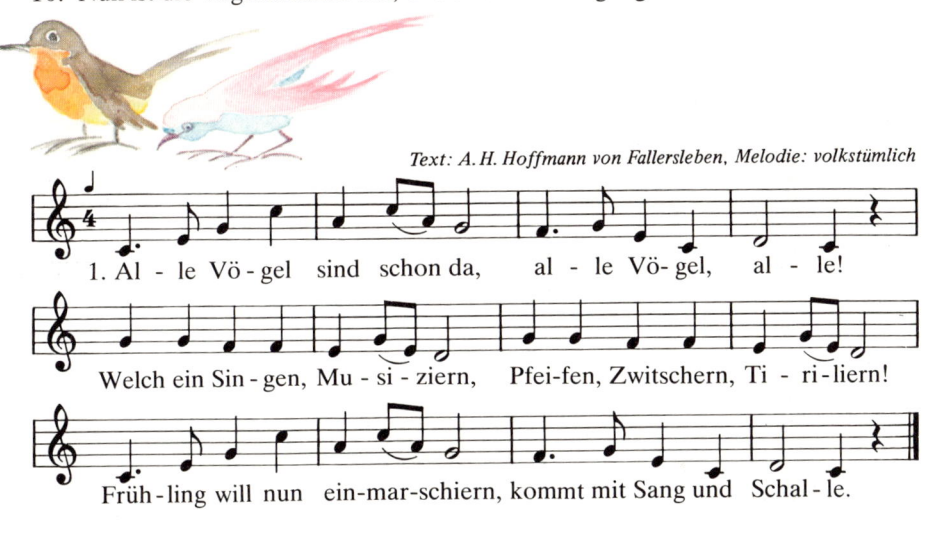

1. Alle Vögel sind schon da, alle Vögel, alle!
Welch ein Singen, Musizieren, Pfeifen, Zwitschern, Tirilieren!
Frühling will nun einmarschieren, kommt mit Sang und Schalle.

2. Wie sie alle lustig sind,
   flink und froh sich regen!
   Amsel, Drossel, Fink und Star
   und die ganze Vogelschar
   wünschen uns ein frohes Jahr,
   lauter Heil und Segen.

3. Was sie uns verkünden nun,
   nehmen wir zu Herzen:
   Wir auch wollen lustig sein,
   lustig wie die Vögelein,
   hier und dort, feldaus, feldein,
   singen, springen, scherzen.

Begleitung zum Lied, zum Singen und Spielen

Tierallerlei

Text und Melodie: Carl Orff, Gunild Keetmann, © Schott

Ding, dong, digidigi-dong, digidigi-dong, die Katz ist krank,
ding, dong, digidigi-dong, digidigi-ding-dang - dong.

Text und Melodie: aus Frankreich

1. Der Hahn ist tot, der Hahn ist tot,
2. der Hahn ist tot, der Hahn ist tot.
3. Er wird nicht mehr krähn co - co - di, co - co - da,
4. er wird nicht mehr krähn, co - co - di, co - co - da,
5. co - co - co - co, co - co - co - co - di, co - co - da.

Text und Melodie: volkstümlich

1. Auf ei-nem Baum ein Kuk-kuck,
   sim sa-la-dim bam ba-sa-la du sa-la-dim,
   auf ei-nem Baum ein Kuk-kuck saß.

2. Da kam ein junger Jägers ... mann.
3. Der schoß den armen Kuckuck ... tot.
4. Und als ein Jahr vergangen ... war,
5. da war der Kuckuck wieder ... da.

Text: Margarete Jehn, Melodie: Wolfgang Jehn, © Eres

Im-se Wim-se Spin - ne, wie lang dein Fa-den ist!
Kam der Re-gen run - ter, und der Fa-den riß.
Dann kam die Son - ne, leckt den Re-gen auf.
Im-se Wim-se Spin - ne klet-tert wie-der rauf!

Fingerspiele:

Faden spinnen ...

Regnen ...

Regen auflecken ...

Spinne klettert rauf ...

Vorspiel

Textfassung: Dieter Zimmerschied, Melodie: aus Polen, © Klett

1. Der al-te Bär, er schläft ganz fest.
Der al-te Bär, er schläft ganz fest.
Laßt uns ihn nicht wek-ken, er wird nie-mand fres-sen,
wenn man ihn in Ru-he läßt. läßt.

2. Der alte Bär, er schläft nicht mehr.
   Laßt uns alle laufen,
   sonst wird er uns fressen,
   dieser alte böse Bär!

3. Der alte Bär, er brummt ganz fest.
   Laßt uns Honig holen,
   den soll er jetzt fressen,
   daß er uns in Ruhe läßt.

Lauf mein Pferdchen

hoppe hoppe hoppe hoppe hoppe hoppe
hoppe hoppe hoppe hoppe hoppe hoppe hoppe

Textfassung: Heribert und Johannes Grüger, Melodie: aus Ungarn, © Schwann

Ja - nosch will nach Bu - da rei - ten,
wer hat Lust ihn zu be - glei - ten,

hop - pe, hop - pe, hop - pe hop, hop - pe, hop - pe hop.

klack klack klack klack klack klack klack
klack klack klack klack klack

Textfassung: Anneliese Schmolke, Melodie: volkstümlich, © Möseler

1. Lauf, mein Pferdchen, lauf, mein Pferdchen, ei - le mit mir der Heimat zu.
Ich und du, ich und du, ei - len wir bei - de der Hei - mat zu.

2. Auf dich wartet süßer Hafer, auf mich wartet's Mütterlein.
Tralala, tralala, auf mich wartet's Mütterlein.

Textfassung: Barbara Heuschober, Melodie: aus Norwegen, © Möseler

1. Gu-ter al-ter Schim-mel, ach, wie bist du müd und matt.
Komm zum Stall und friß dich satt, du gu-ter al-ter Schim-mel.

2. Ach die steilen Hügel und die braune stein'ge Heid.
Ja, der Weg war schwer und weit, du guter alter Schimmel.

3. Vater kam nach Hause, zog sofort den Mantel aus,
du kannst aus deinem nicht heraus, du guter alter Schimmel.

4. Schimmel, sollst jetzt schlafen, hast heut keine Mühe mehr;
gib das schwere Zaumzeug her, du guter alter Schimmel.

5. Wenn du dann im Stall bist, kommt der kleine Knabe schnell,
streichelt dir das weiße Fell, du guter alter Schimmel.

6. Vater läßt dir sagen, morgen brauchst du nichts zu tun,
darfst den ganzen Tag nur ruhn, du guter alter Schimmel.

Textfassung: Lieselotte Holzmeister,
Melodiefassung: Heinz Lemmermann, © Fidula

1. Bit-te, gib mir doch ein Zuk-ker-stückchen für mein kleines Po-ny!
„Danke" wiehert dann mein Po-ny-pferdchen mit dem Na-men Jo-ny.
1.–3. Weit ü-bers Land wird mein Pferdchen heu-te tra-ben.
Und dann soll's zum Loh-ne ein Zuk-ker-stückchen ha-ben ha-ben.

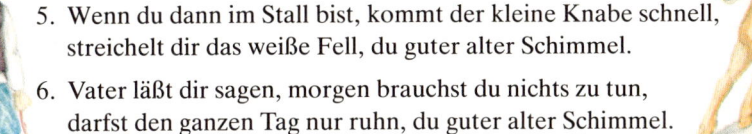

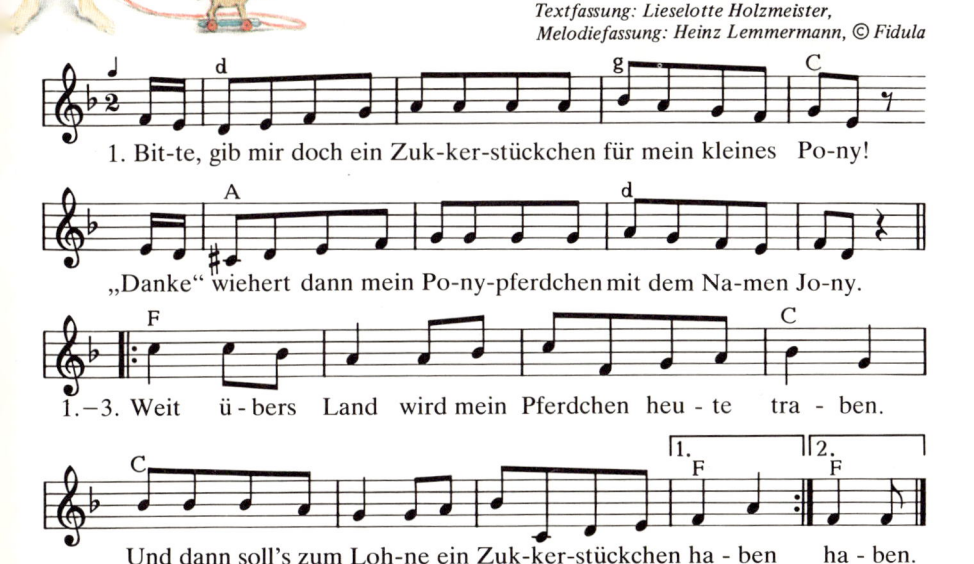

2. Sattel' mir mein Pony früh am Morgen, wenn es taut vom Himmel,
wenn im Hof sich alle Pferde tummeln, Rappe, Fuchs und Schimmel.

3. Meinem Jony noch ein Zuckerstückchen und dann geht's ins Weite.
Und das Ponypferdchen wiehert, wenn ich singe, wenn ich reite.

Von Käfern und Quallen und ...

Vorspiel mit Gleitklängen:

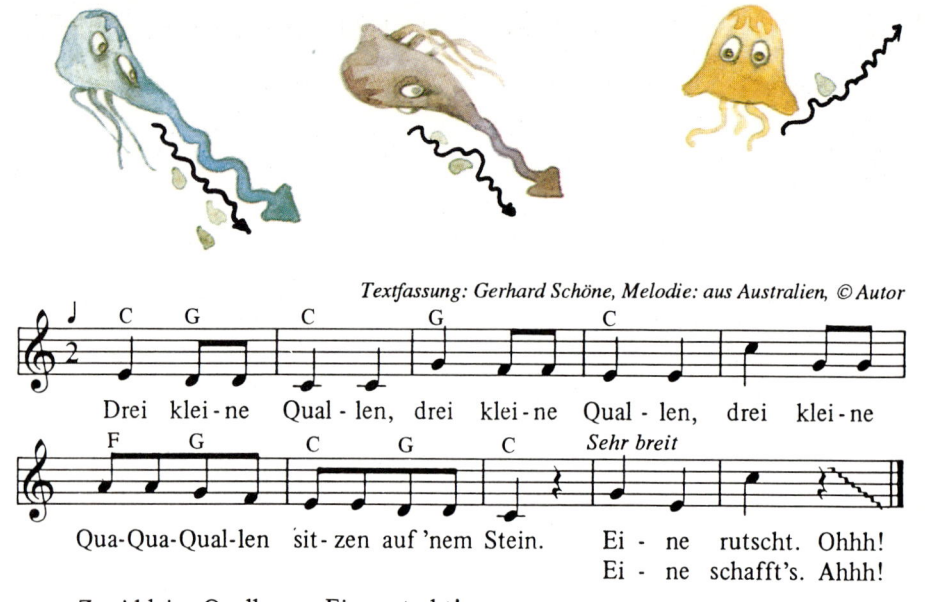

Textfassung: Gerhard Schöne, Melodie: aus Australien, © Autor

Drei klei-ne Qual-len, drei klei-ne Qual-len, drei kleine Qua-Qua-Qual-len sit-zen auf 'nem Stein. Ei-ne rutscht. Ohhh!
Ei-ne schafft's. Ahhh!

Zwei kleine Quallen ... Eine rutscht!
Eine kleine Qualle ... Und sie rutscht!
Keine kleine Qualle ... Und was nun?
Eine kleine Qualle ... Eine schafft's rauf! Ah!
Zwei kleine Quallen ... Die zweite schafft's rauf! Ah!

Text: volkstümlich, Melodie: Günter Klein, © Volk und Wissen

1. Rot-lak-kiert mit schwar-zen Punk-ten saß ein Kä-fer auf dem Blatt. In dem Teich die Frö-sche unk-ten: „Was der wohl, was der wohl, was der wohl im Schil-de hat?"

2. Käfer sah nur seine Beute,
fing sich eine grüne Laus.
Ha, wie sich der Käfer freute!
Fraß sie gleich, fraß sie gleich,
fraß sie gleich und flog nach Haus.

3. Und die dicken Frösche sagten:
„Wie der Kerl sich wohl benennt?"
Und sie fragten, und sie fragten,
doch kein Frosch, doch kein Frosch,
doch kein Frosch den Namen kennt.

Text: Sarah Kirsch, Melodie: Sonja Hoffmann, © Klett

1.-4. Der Igel, der Igel, wohnt unterm Reisighügel, ist unser guter Freund.

1. Er verspeist gefräßge Schnecken
   die sich im Salat verstecken.

1.-4. Der Igel, der Igel!

2. Körnerdiebe, wie die Maus,
   gräbt er mit den Pfoten aus.

3. Ist ein Fuchs auf ihn erpicht,
   kriegt er Stacheln ins Gesicht.

4. Er kämmt sich ohne Spiegel,
   schreibt Briefe ohne Siegel,
   baut Häuser ohne Ziegel,
   hat Türen ohne Riegel,
   hat Deckel ohne Tiegel.

Text und Melodie: volkstümlich

1. Zwischen Berg und tiefem, tiefem Tal saßen einst zwei Hasen, fraßen ab das grüne, grüne Gras, fraßen ab das grüne, grüne Gras bis auf den Rasen.

2. Als sie sich nun satt gefressen hattn,
   setzten sie sich nieder,
   bis daß der Jäger, Jäger kam
   und schoß sie nieder.

3. Als sie sich nun aufgerappelt hattn,
   und sich besannen,
   daß sie noch am Leben, Leben warn,
   liefen sie von dannen.

Bäume im Wind

Text: Rolf Krenzer, Melodie: Siegfried Fiez, © Abakus

1. Mein Baum war einmal klein, genau so klein wie ich.
Und wächst er in den Himmel rein, dann überragt er mich.

2. Dem Baum darf nichts geschehn.
Er gibt uns Schutz und Halt.
So viele große Bäume stehn
bei uns in unserm Wald.

**Sprechspiel vom Baum/
Klangspiel vom Baum**

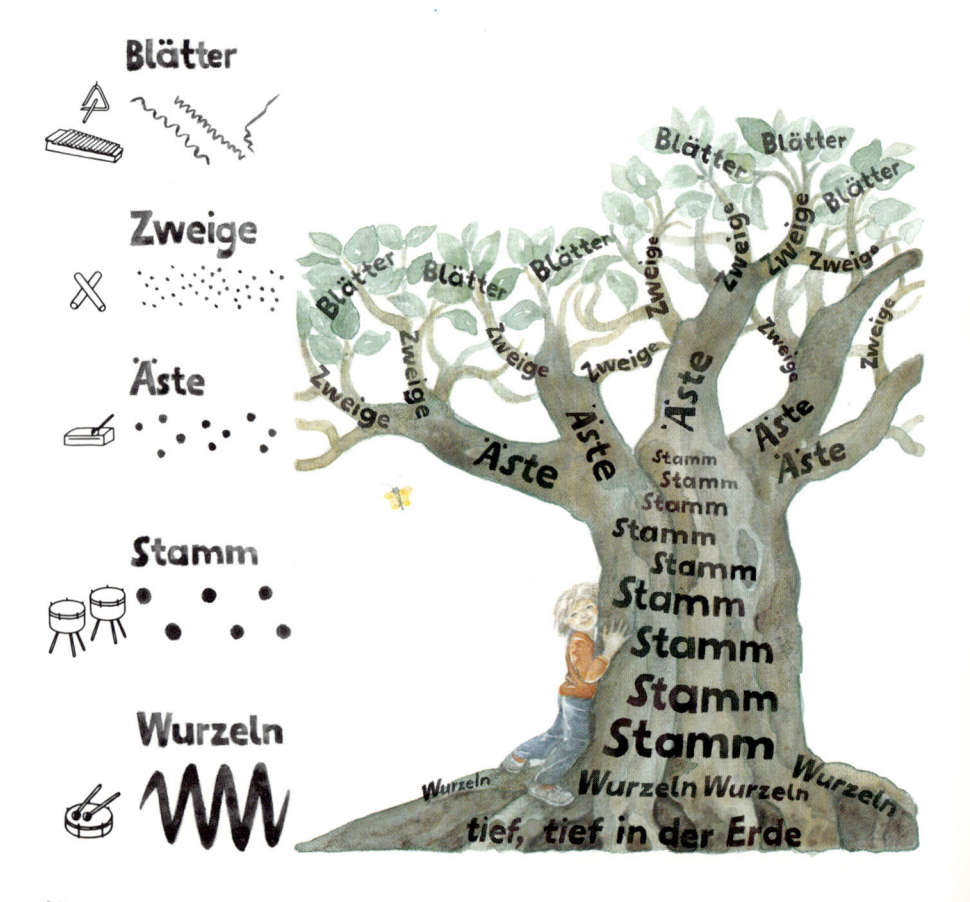

Blätter

Zweige

Äste

Stamm

Wurzeln

tief, tief in der Erde

Textfassung: James Krüss, Melodie: aus den Niederlanden, © Fidula

A 1. Die Bäu - me, die Bäu - me, sie wie - gen sich im Wind.

B Einer: Sie wie - gen lei - se hin und her, die klei - nen Blät - ter ra - scheln sehr.

A Alle: Die Bäu - me, die Bäu - me, sie wie - gen sich im Wind.

2. |: Die Bäume, die Bäume, sie beugen sich im Wind. :|
Sie beugen sich mit Kron' und Ast,
sie beugen sich zum Grunde fast.
Die Bäume, die Bäume, sie beugen sich im Wind.

3. |: Die Bäume, die Bäume, sie säuseln unterm Wind. :|
Sie singen uns ein Wiegenlied,
wenn hoch der Mond am Himmel zieht.
Die Bäume, die Bäume, sie säuseln unterm Wind.

4. |: Die Bäume, die Bäume, sie strecken sich im Wind. :|
Sie schwanken, doch sie brechen nicht,
sie strecken sich ins Sonnenlicht.
Die Bäume, die Bäume, sie strecken sich im Wind.

5. |: Die Bäume, die Bäume, sie träumen unterm Wind. :|
Sie träumen von der Frühlingszeit
und haben schon den Saft bereit.
Die Bäume, die Bäume, sie träumen unterm Wind.

2. Stimme zum Teil **B**

1. wie - gen, wie - gen, wie - gen, wie - gen
2. beu - gen, beu - gen, beu - gen, beu - gen
3. säu - seln, säu - seln, säu - seln, säu - seln
4. strek - ken, strek - ken, strek - ken, strek - ken
5. träu - men, träu - men, träu - men, träu - men

Von Beeren und Blumen

Textfassung: Anneliese Schmolke, Melodie: aus Frankreich, © Möseler

1. Der Sonnenschein und die Beeren fein
macht guten Wein, und den ernten wir.

1.–3. Deinen Korb hole dir, wir ziehen alle in die Beeren
deinen Korb hole dir, ja, in die Beeren ziehen wir.

2. Der Sonnenschein, etwas Regen drein
macht guten Wein, und den ernten wir.

3. Der Sonnenschein und die Arbeit mein
macht guten Wein, und den ernten wir.

Text und Melodie: volkstümlich

1. Im Walde, da wachsen die Beern,
Drum hab ich den Wald auch so gern, } halli, halli, hallo.

1.–3. Tra-lalala-la, tra-lalala-la,
tra-lalala-, lalala, tra-la-la-la.

2. Im Walde, da wachsen die Schwämm',
wenn's keine gibt, bleib'n wir derhämm'.

3. Im Walde, da gibt's lust'ge Leut',
und Beeren und Schwämm' such'n wir heut'.

Text: Erika Engel, Melodie: Leo Spies, © Hofmeister

1. Blumen hab ich mir bestellt. Blühe wieder, bunte Welt!
Anemone, Veilchen, Löwenzahn ist auch dabei.
1.–3. So im März, April und Mai! So im März, April und Mai!

2. Seht doch, Kinder! Seht nur, seht,
alles blüht im Gartenbeet:
Tulpe, Krokus, Primel;
Ehrenpreis ist auch dabei.
So im März, April und Mai!

3. Dotterblume, Knabenkraut,
Gänseblümchen, so vertraut,
Buschwindröschen, Schlehe;
alle, alle sind dabei.
So im März, April und Mai!

Text: Kurt Kölsch, Melodie: Heino Schubert, © Klett

Alle
1. Löwenzahn, Löwenzahn, zünde deine Lichtlein an!
Löwenzahn, Löwenzahn, zünde deine Lichtlein an!

Einer
2. Lichtlein hell und Lichtlein weiß, Lichtlein auf der Wiese.
3. Pust ich alle Lichtlein aus, dunkel wird's im Wiesenhaus.
4. Tausend Fünklein fliegen fort, blühn an einem andern Ort.

Alle
2. und 3. Löwenzahn, Löwenzahn, zünde deine Lichtlein an!
4. Löwenzahn, Löwenzahn, nächstes Jahr hebt's wieder an!

Sonne und Regen

Textfassung: Gottfried Wolters, Melodie: aus Schweden, © Möseler

Li-mu li-mu lei-men, Gott, laß Son-ne schei-nen.
Ü-ber Ber-ge und Höhn, ü-ber Wäl-der und Seen
laß die Son-ne auf-gehn zur Som-mer-zeit.

Gestaltet nach: Carl Orff / Gunild Keetmann, © Schott

Zur Begleitung

Triangel
Es geht ei-ne Brük-ke ü-ber den Bach,
sie ist ge-wir-ket in ei-ner Nacht,
kein Kö-nig hat das je er-dacht.

Trommel
Kom-men zwei die Brük-ke bre-chen,
kein Wort nicht spre-chen,
den ei-nen sah, man hört ihn nicht,
den an-dern hört, man sah ihn nicht.

Becken
Ein Tal voll und ein Land voll,
und am End' ist's kei-ne Hand voll.

Textfassung: Wolfgang Jehn, Melodie: aus England, © Eres

1. Und regnet's mir zum Dach herein, Dach herein, Dach herein,
dann wart ich auf den Sonnenschein, he-jo, he-jo, he-jo!
Wolln wir ein Weilchen zusammen gehn, zusammen gehn, zusammen gehn,
wolln wir ein bißchen im Regen stehn, he-jo, he-jo, he-jo!

2. Und hab ich auch im |: Strumpf ein Loch,:|
   das macht mir nichts, ich kenn mich doch,
   hejo, hejo, hejo!
   Wolln wir ein Weilchen zusammen gehn ...

3. Hab ich auch auf dem |: Kopf kein' Hut,:|
   mir geht es trotzdem richtig gut,
   hejo, hejo, hejo!
   Wolln wir ein Weilchen zusammen gehn ...

Text: A. Blume,
Melodie: Walter Pudelko, © Bärenreiter

Nebel, Nebel!

Nebel, Nebel, weißer Hauch, walle über Baum und Strauch!

Nebel, Nebel, weiße Wand, fliege hin ins weite Land,

fliege über Tal und Höhn, laß die goldne Sonne sehn! Nebel!

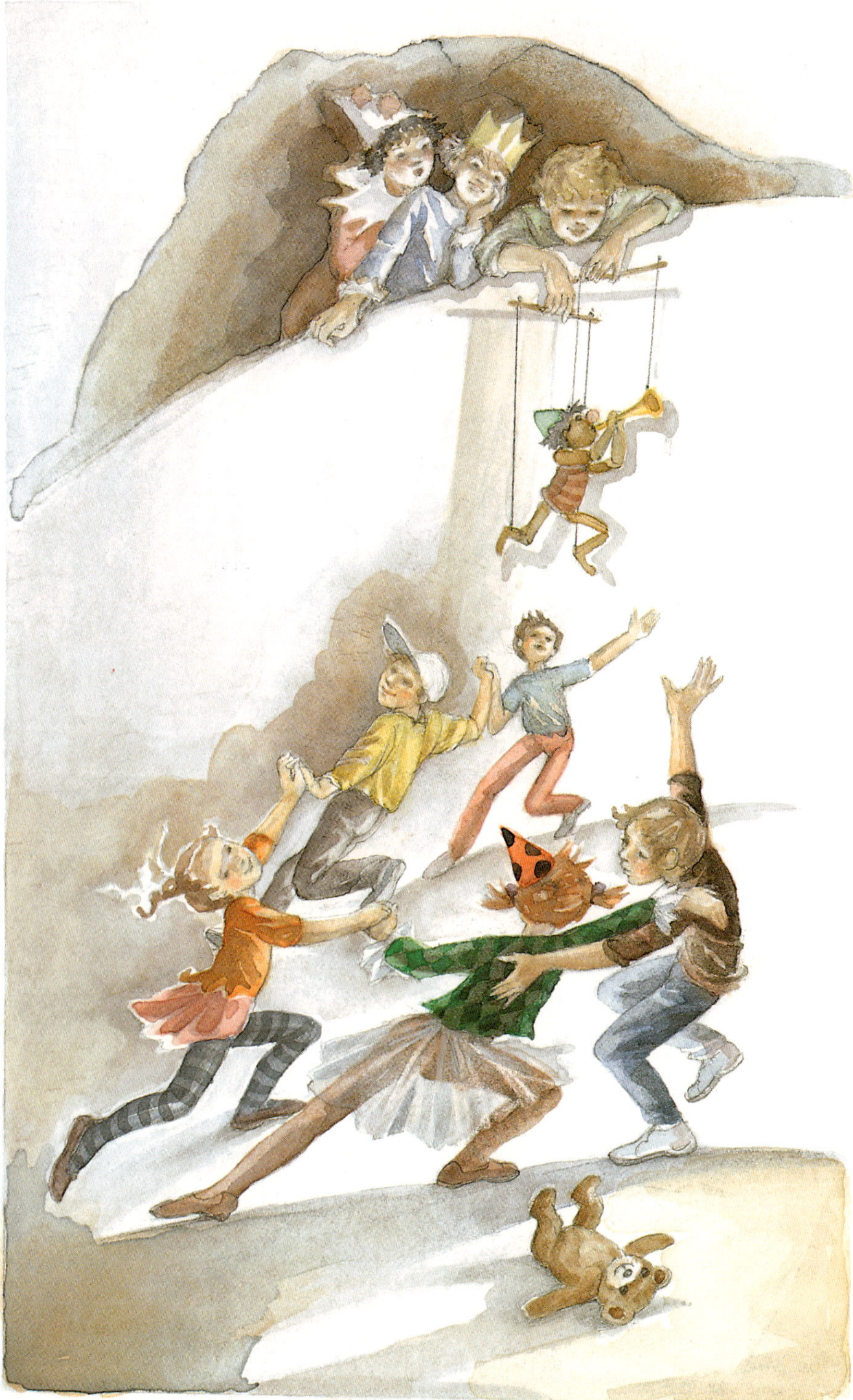

Tanz und Spiel

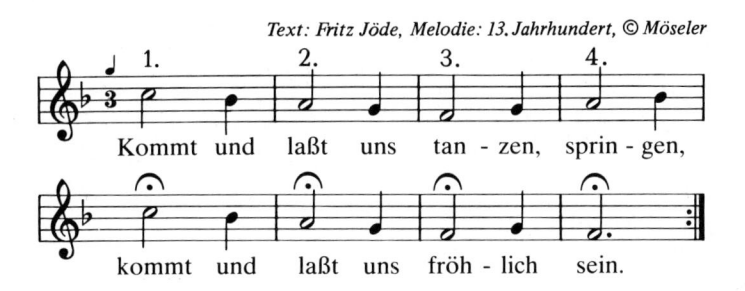

Text: Fritz Jöde, Melodie: 13. Jahrhundert, © Möseler

Kommt und laßt uns tan-zen, sprin-gen,
kommt und laßt uns fröh-lich sein.

Tanz auf der Brücke

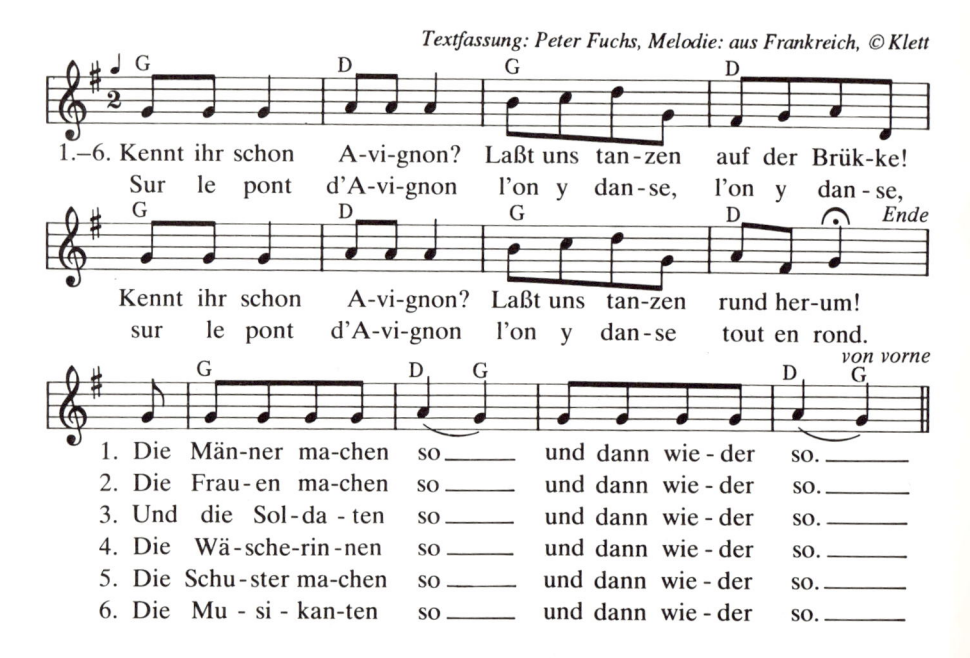

Textfassung: Peter Fuchs, Melodie: aus Frankreich, © Klett

1.–6. Kennt ihr schon Avignon? Laßt uns tanzen auf der Brükke!
Sur le pont d'Avignon l'on y danse, l'on y danse,

Kennt ihr schon Avignon? Laßt uns tanzen rund herum!
sur le pont d'Avignon l'on y danse tout en rond.

von vorne

1. Die Männer machen so ____ und dann wieder so. ____
2. Die Frauen machen so ____ und dann wieder so. ____
3. Und die Soldaten so ____ und dann wieder so. ____
4. Die Wäscherinnen so ____ und dann wieder so. ____
5. Die Schuster machen so ____ und dann wieder so. ____
6. Die Musikanten so ____ und dann wieder so. ____

Text und Melodie: Felicitas Kukuck, © Möseler

1. Es führt über den Main eine Brücke von Stein,
wer darüber will gehn, muß im Tanze sich drehn.
1.–8. Fa la la la la, fa la la la.

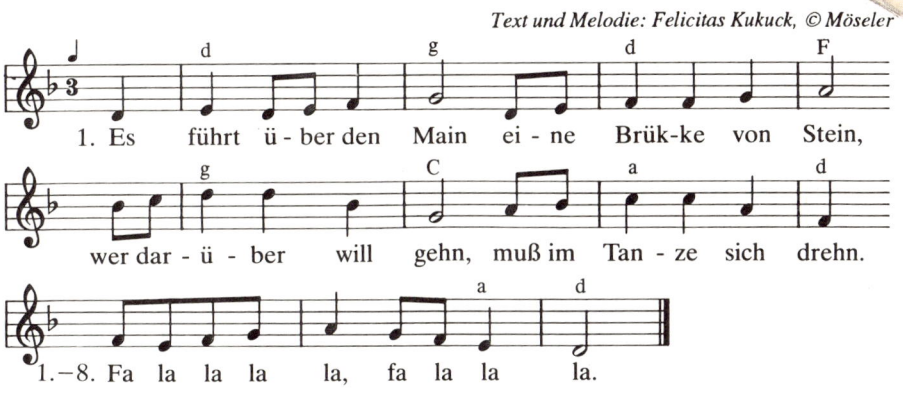

2. Kommt ein Fuhrmann daher, hat geladen gar schwer,
seiner Rösser sind drei, und sie tanzen vorbei.

3. Und ein Bursch ohne Schuh und in Lumpen dazu,
als die Brücke er sah, ei wie tanzte er da.

4. Kommt ein Mädchen allein auf die Brücke von Stein,
faßt ihr Röckchen geschwind, und sie tanzt wie der Wind.

5. Und der König in Person steigt herab von seinem Thron,
kaum betritt er das Brett, tanzt er gleich Menuett.

6. Liebe Leute, herbei! Schlagt die Brücke entzwei!
Und sie schwangen das Beil, und sie tanzten derweil.

7. Alle Leute im Land kommen eilig gerannt:
Bleibt der Brücke doch fern, denn wir tanzen so gern!

8. Es führt über den Main eine Brücke von Stein,
wir fassen die Händ, und wir tanzen ohn End.

Musikanten und Instrumente

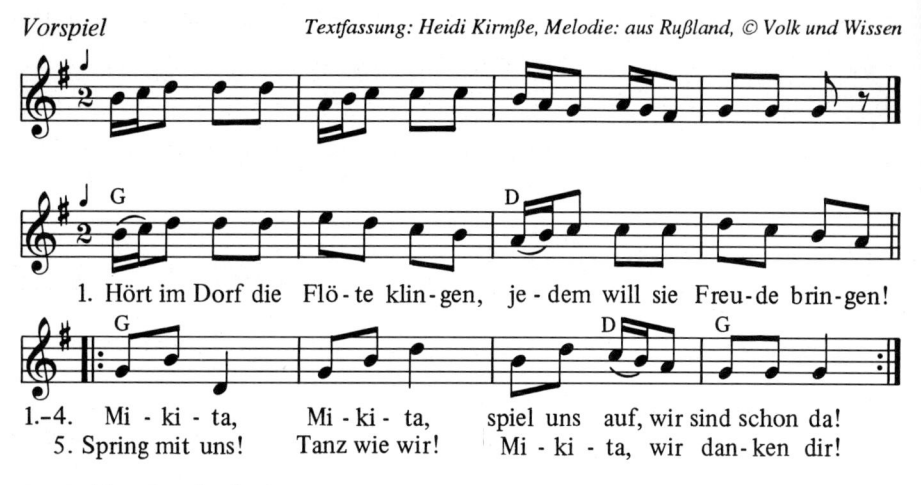

Vorspiel   Textfassung: Heidi Kirmße, Melodie: aus Rußland, © Volk und Wissen

1. Hört im Dorf die Flöte klingen, jedem will sie Freude bringen!

1.–4. Mikita, Mikita, spiel uns auf, wir sind schon da!
5. Spring mit uns! Tanz wie wir! Mikita, wir danken dir!

2. Mücklein hat die flinksten Beine,
tanzt noch spät im Mondenscheine.

3. Mika bläst aus vollen Lungen,
Brummbär hat den Baß gesungen.

4. Spielmann, schau uns nicht so bös an!
Hast wohl länger keinen Spaß dran.

5. Hör nun auf, pack deinen Ranzen,
willst ja schließlich auch mal tanzen.

Bausteine für die Liedbegleitung

Textfassung: R. St. Hoffmann,
Melodie: aus der Slowakei, © Boosey & Hawkes

1. Hei, die Pfeifen klingen, laßt im Tanz uns schwingen,

Xylophon

Dudelsack, der pfeift euch was, und den Mädchen macht es Spaß!

Metallophon

2. Pfeift und laßt uns leben,
   will zwei Groschen geben,
   Wirt nimm einen in die Hand!
   Einen kriegt der Musikant.

3. Zicklein auf dem Rasen,
   dein Fell muß heut blasen;
   ist das Zicklein nimmer ganz –
   spielt der Dudelsack zum Tanz.

Textfassung: Marianne Gräfe, Melodie: aus der Tschechei, © Volk und Wissen. Satz: Elke Wolf, © Klett

1. Mu-si-kan-ten, ihr seid Ker-le, ihr ver-steht doch ei-nen Spaß?
   Bin ge-kom-men, euch zu är-gern, spielt nun los, ich sing euch was!
   Rich-tet eu-re Me-lo-dein gut nach mei-nem Lied-chen ein!
   Ihr seid al-le gro-be Ker-le, an-ders kann das ja nicht sein.

2. Wen soll ich als ersten necken? Welchen nehme ich aufs Korn?
   Halt, ich bleibe gleich beim Geiger, denn der sitzt ja so schön vorn.
   Geiger, bleibe nur zu Haus, ohne dich geht's besser aus!
   Jeder Pfennig ist zu schade für dein Fiedeln, scher dich raus!

3. Und der Schelm dort mit der Flöte, der so albern immer lacht,
   ist am besten zu ertragen, wenn er grad sein Schläfchen macht.
   Will er in den Himmel rein, läßt man ihn gewiß nicht ein,
   kommt er an mit seiner Flöte, alle Englein „Hilfe" schrein.

4. Und der Kerl mit der Gitarre drischt drauflos, du liebe Zeit!
   Wenn die Burschen gut bezahlen, lacht er nur wie nicht gescheit.
   Den Kollegen sagt er dann: „Hört euch meinen Ratschlag an:
   Laßt die Jungen nur bezahlen, spielt drauflos, was liegt daran!"

5. Wenn ihr endlich ausgedudelt, geht zum Himmelstor im Takt,
   sehen euch die alten Heilgen, lachen, daß die Schwarte knackt.
   Erst stolziert der Geiger rein, die Gitarre hinterdrein,
   alle Musikanten kommen, letzter muß der Brummbaß sein.

Tanzspiele

Sprecher: Wir tanzen Labada und fassen uns an den Händen!

Text und Melodie: aus Polen

Alle: Wir tan-zen La-ba-da, La-ba-da, La-ba-da.
Wir tan-zen La-ba-da, und al-le tan-zen mit. Hey!

Sprecher: Haben wir uns schon an den Händen gefaßt?
Alle: Ja!
Sprecher: Haben wir schon die kleinen Finger eingehakt?
Alle: Nein!

Ⓐ ...

Sprecher: Haben wir uns schon an den Händen gefaßt und die kleinen Finger eingehakt?
Alle: Ja!
Sprecher: Haben wir schon die Ellenbogen eingehakt?
Alle: Nein!

Ⓐ ...

Sprecher: Haben wir uns schon an den Händen gefaßt, die kleinen Finger und die Ellenbogen eingehakt?
Alle: Ja! usw.

Text und Melodie: volkstümlich

Geh weg, du, geh weg, du, ich mag dich nicht sehn,
komm zu mir, komm zu mir, bei dir bleib ich stehn.
Ru-di-ral-la-la-la, ru-di-ral-la-la-la,
ich hab ei-ne an-dre, und die tanzt so schön.

Textfassung: nach Gerda Bächli, Melodie: aus Israel, © Zytglogge

A

Schleicht ein Fuchs durch un-se-re Re-ben.
Seht, er hat schon ei-ne Trau-be im Maul. Maul.

B

Du hast sie ge-stohln, du Schlin-gel, du,
wir wer-den dich holn, du Räu-ber, du.
Geh weg und laß uns in Ruh!
Geh weg und laß uns in Ruh!

Tanzen im Kreis und in der Schlange

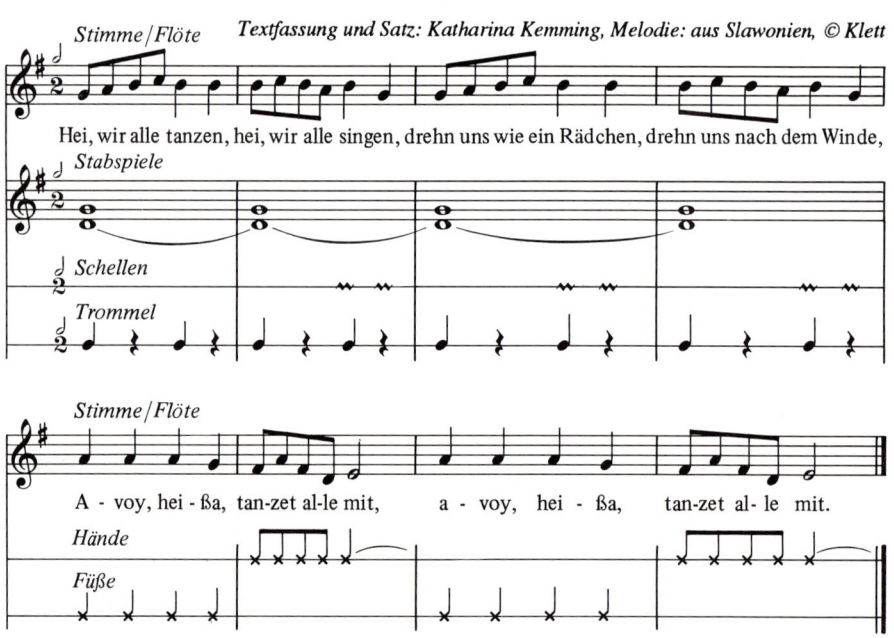

Stimme/Flöte — Textfassung und Satz: Katharina Kemming, Melodie: aus Slawonien, © Klett

Hei, wir alle tanzen, hei, wir alle singen, drehn uns wie ein Rädchen, drehn uns nach dem Winde,

Stabspiele

Schellen

Trommel

Stimme/Flöte

A-voy, hei-ßa, tan-zet al-le mit, a-voy, hei-ßa, tan-zet al-le mit.

Hände

Füße

Melodie: aus Frankreich, Satz: Ralf Roth, © Klett

Heute tanzen alle

Textfassung: Barbara Heuschober, Melodie: aus Norwegen, © Möseler

1. Heu - te tan - zen al - le, hei - ßa, im Hüh - ner - stal - le.

1.–5. Tra la la la la la la und rund - her - um,

heu - te tan - zen al - le!

2. Erst kommt unser Vater,
   tanzt mit dem alten Kater.

3. Nach ihm kommt die Mutter,
   tanzt mit dem Faß voll Butter.

4. Grete mit der Ziege
   tanzt auf der Hühnerstiege.

5. Und der Hans, der kleine,
   tanzt nur mit sich alleine.

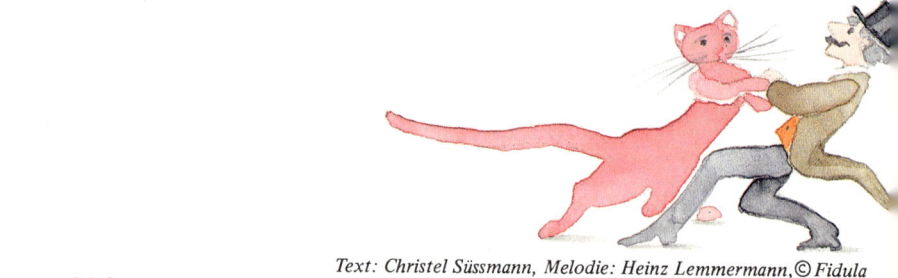

Text: Christel Süssmann, Melodie: Heinz Lemmermann, © Fidula

Melodie 1

1.+5. Trat ich heute vor die Tü - re, sap - per - lot, was sah ich da?
Tanz - te da die Gans A - gathe mit dem Truthahn Cha-cha-cha.

Melodie 2

2. Und die Hühner und die Tauben machten „meck" und schrien „muh",
und das Pferd mit seinen Hu - fen klap - per - te den Takt da - zu.

von vorne

Melodie 1

3. Max, der Esel und die Schweine tanzten sehr vergnügt zu dritt.
   Selbst die dicke Kuh Babette wiegte sich im Walzerschritt.

Melodie 2

4. Mieze bellte, Karo schnurrte, und die Ziege auf dem Mist
   krähte sich die Kehle heiser, weil doch heute Fastnacht ist.

Textfassung: Else Lorenz-Nebelung, Melodie: aus Frankreich, © Möseler

Ei, so tanzt der Han - sel mit dem Fri, Fra, Fran - sel,

mit dem Fuß, Fuß, Fuß, mit dem Fin-ger, Fin-ger dann.
mit dem El - len - bogen,
mit dem Knie; Knie, Knie,
mit dem …

Ei, so tanzt der Han-sel-mann.

Textfassung: R. B. Schindler, Melodie: aus Jugoslawien, © Fidula

1. Werft 'nen Hel - ler auf den run-den Tel - ler,

werft 'nen Hel - ler auf den run-den Tel - ler!

Tanz, Maruschka, tanz, Petruschka, dreht euch immer schneller schneller!

2. Ihr müßt singen, Dudelsack wird klingen.
   Tanz, Maruschka, tanz Petruschka,
   sollt im Kreise schwingen!

3. Hört, die Geigen wollen auch nicht schweigen.
   Tanz, Maruschka, tanz Petruschka,
   wirbelt fort im Reigen!

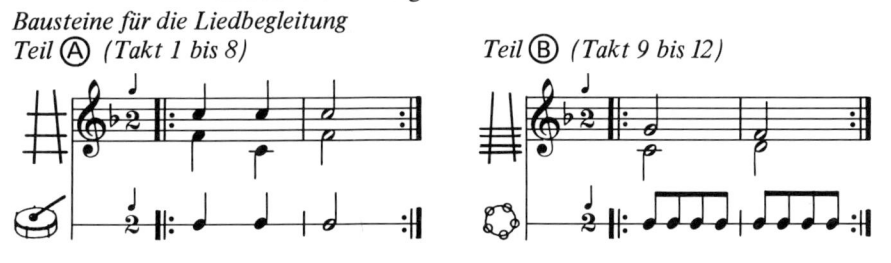

Bausteine für die Liedbegleitung
Teil Ⓐ *(Takt 1 bis 8)*   Teil Ⓑ *(Takt 9 bis 12)*

Figuren tanzen

Text und Melodie: Hans Poser, © Fidula

Leu - te habt ihr schon ein-mal probiert ei - nen Boo-gie Woo - gie,

weil sich je - der herr-lich a - mü-siert bei 'nem Boo-gie Woo - gie.

Und wir brau-chen gar kein Sa - xo-phon,

denn wir sin-gen sel-ber un - sern Boo-gie Woo - gie,

hüp-fen da - bei fröh-lich hin und her, vor und auch zu - ruk - ki.

Text: Ortfried Pörsel / H. G. Lenders, Melodie: nach einem volkstümlichen Motiv:
Heinz Lemmermann, © Fidula

1. In San Ju-an auf Puerto Ri-co sitzt an der Stra-ße der kleine Chi-co
auf seinem Ka-sten con fuerte pi-co und singt nur immer das eine Lied:

1.–3. Oh, bue-nos di-as, Se-ñor, ich put-ze gern ih-re Schuh,
   Oh, bue-nos di-as, Se-ñor, das geht bei mir wie im Nu,

e-gal ob schwarz o-der braun, in je-der Far-be!
tip top sind sie an-zu-schaun und blank da - zu!

2. Er putzt die Schuhe mitsamt den Sohlen,
drum wird er jedem auch gern empfohlen,
schlägt für ein Trinkgeld dir Kapriolen
und singt nur immer das eine Lied: ...

3. Kommst du aus Sydney, vielleicht aus Boston,
bringst du den Staub mit vom fernen Osten,
es wird dich sicher dasselbe kosten,
und er singt immer das eine Lied: ...

Zur Begleitung

rechts
links

usw.

Tausendfüßler- und Elefantentanz

Text und Melodie: Klaus W. Hoffmann, © Otto Maier

1. Wenn der Elefant in die Disco geht,
weißt du, wie er sich auf der Tanzfläche dreht?
Ganz gemütlich setzt er einen vor den andern Schuh
und schwingt seinen Rüssel im Takt dazu.

Refrain
Eins, zwei, drei und vier, der Elefant ruft: „Kommt und tanzt mit mir!"
Fünf, sechs, sieben, acht, und alle haben mitgemacht!

2. Wenn der Bär in die Disco geht,
weißt du, wie er sich auf der Tanzfläche dreht?
Die Vordertatzen hebt er und brummt ganz leis'
und dreht sich langsam um sich selbst im Kreis.
Eins, zwei, drei ...

3. Wenn der Affe in die Disco geht,
weißt du, wie er sich auf der Tanzfläche dreht?
Er baumelt mit den Armen und hüpft ein Stück
nach links und nach rechts, vor und wieder zurück.
Eins, zwei, drei ...

Weitere Strophen: Wenn das Krokodil in die Disco geht ...

Elefantentanzschritte

links — rechts — li re li re — li u.s.w. — re Spitze

Text und Melodie: Gerda Bächli, © Pelikan

1. Tig - gi - di - tagg, der Tau - send - füß - ler
wik - kel - wak - kelt gra - de - aus.
Bei je - dem Schritt wak - keln tau - send Fü - ße mit,
und so kommt er bald zum Tau - send - füß - ler - haus.

2. O weh, hier ist die Tür verschlossen
und kein Platz zum Stehn und Drehn.
Welch ein Entschluß! Unser Tausendfüßler muß
nun mit allen tausend Füßen rückwärts gehn!

Tig - ge - di tag - gi tig - gi tag - gi dum dum dum,
tig - ge - di tag - gi tig - gi tag - gi dum dum dum,
tig - ge - di tag - gi tig - gi tag - gi dum dum dum,
und jetzt fällt er um!

Tausendfüßlertanzschritte

links rechts li re li re li re li re li re usw.

Aufschneidereien

Die Aufschneider   Textfassung: H. Lüdecke, Melodie: aus Ungarn, © W. de Gruyter

1. Fing mir ei - ne Mük - ke heut, grö - ßer als ein Pferd wohl;
   ließ das Fett, das Fett ihr aus, 's war ein gan - zes Faß voll!

Die Spötter

1.–3. Wer dies glaubt, ein E - sel ist, grö - ßer als ein Pferd wohl,
Wer dies glaubt, ein E - sel ist, grö - ßer als ein Pferd wohl!

2. Riß ihr dann den Stachel aus,
   war spitz wie 'ne Nadel,
   macht mir einen Degen draus,
   sah aus wie von Adel . . .

3. Zog ihr auch das Fell noch ab,
   macht mir eine Decke,
   lag darauf so weich und warm
   wie im Himmelbette . . .

Bausteine für Vorspiel und Liedbegleitung

Hei! Hei!

Ho! Ho! Ho!

Ha - ha - ha - ha - ha - ha - ha!

Text und Melodie: Ortfried Pörsel, © Fidula

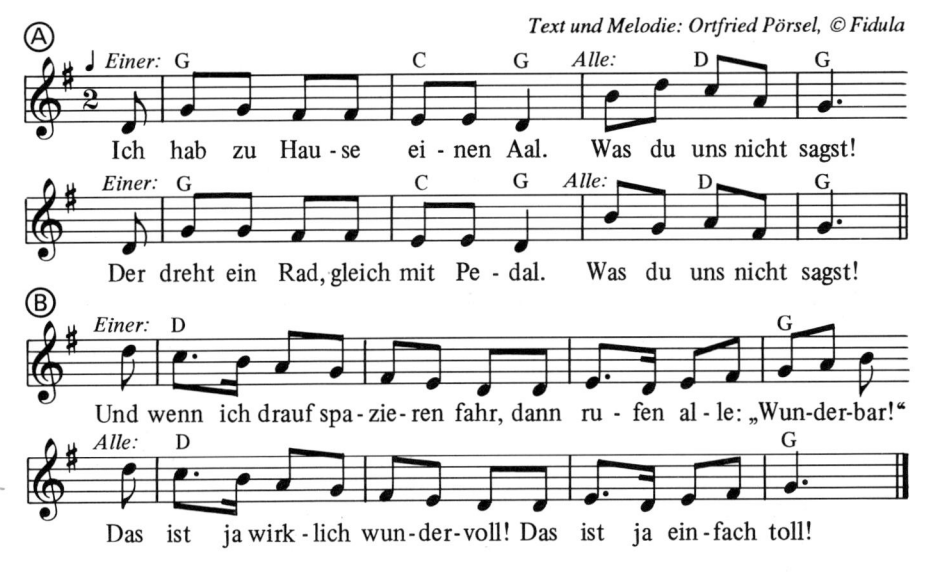

(A) Ich hab zu Hause einen Aal. Was du uns nicht sagst!
Der dreht ein Rad, gleich mit Pedal. Was du uns nicht sagst!
(B) Und wenn ich drauf spazieren fahr, dann rufen alle: „Wunderbar!"
Das ist ja wirklich wundervoll! Das ist ja einfach toll!

2. Ich hab zu Hause einen Dachs.
   Was du uns nicht sagst!
   Der mag so gerne Bohnerwachs.
   Was du uns nicht sagst!
   Und putze ich den ganzen Gang,
   dann wuselt er den Gang entlang.
   Das ist ja wirklich wundervoll!
   Das ist ja einfach toll!

3. Ich hab zu Hause eine Gans.
   Was du uns nicht sagst!
   Die hat einen Propellerschwanz.
   Was du uns nicht sagst!
   Und wenn man sie beim Namen ruft,
   dann fliegt sie rückwärts durch die Luft.
   ist ja wirklich wundervoll!
   Das ist ja einfach toll!

Textfassung: Anton B. Kraus, Melodie: aus Rußland, © Fidula

1. Sascha geizte mit den Worten überall und allerorten,
   konnte hohe Bogen spukken, fröhlich mit den Ohren zukken.
   Nja, nja, nja, nja, nja, nja, nja, nja, nja, nja, nja, nja, nja. Hei!

2. Saschas Vater wollt' mit Pferden reich und wohlbehäbig werden;
   viele drehten manche Runde, zehn Kopeken in der Stunde ...

3. Sascha liebte nur Geflügel, Rosse hielt er streng am Zügel,
   tat sie striegeln oder zwacken an den beiden Hinterbacken ...

4. Und die kleinen Pferdchen haben Sascha, diesen Riesenknaben,
   irgendwoherum gebissen und die Hose ihm zerrissen ...

Vom dicken, fetten Pfannekuchen

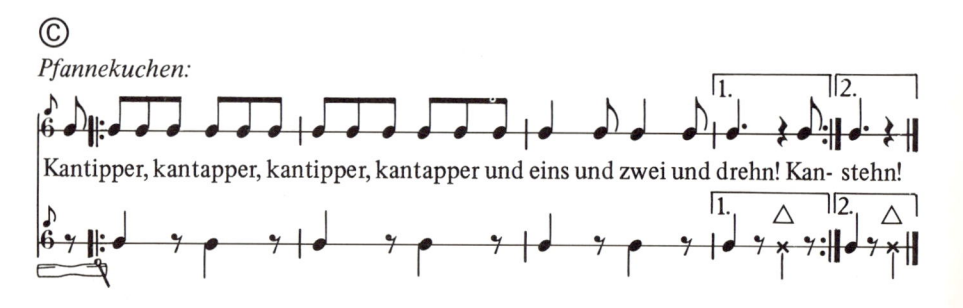

Text und Melodie: Sonja Hoffmann, © Klett

A
Pfannekuchen:

Was bin ich für ein dik-ker, fet-ter Pfan-ne-ku-chen!
er-ste ging ein Ei, die zwei-te Milch zu su-chen,

Drei al-te Wei-ber bu-ken heu-te mich im Nu. Die
Mehl und auch Fett gab dann die drit-te noch da-zu.

B
Drei Kinder:

Seht euch an den fre-chen Wicht, will ge-fres-sen wer-den nicht.

Schnell ist er vom Herd gesprungen und die Flucht ist ihm ge-lun-gen.

C
Pfannekuchen:

Kantipper, kantapper, kantipper, kantapper und eins und zwei und drehn! Kan- stehn!

Pfanne- *(gesprochen)*
kuchen: Nanu, nanu, wer bist denn du?

Hase: *(gesprochen)*
Hallo, hallo, ich bin ein Has
und heiße Spring-ins-Kraut.
Ich habe dich zum Fressen gern,
drum wirst du jetzt geklaut!

Drei Ⓑ
Kinder: Seht euch an den frechen Wicht,
will gefressen werden nicht.
Auch beim Hasen läuft er heiter
immer weiter, immer weiter.

Pfanne- Ⓒ
kuchen: Kantipper, kantapper …
 (gesprochen)
 Nanu, nanu, wer bist denn du?

Schwein: *(gesprochen)*
Hallo, hallo, ich bin ein Schwein
und heiße Ringelschwanz.
Ich habe dich zum Fressen gern,
drum freß ich dich gleich ganz!

Drei Ⓑ
Kinder: Seht euch an den frechen Wicht,
will gefressen werden nicht.
Und er gibt sich nicht geschlagen,
als dem Schwein schon knurrt der Magen.

Pfanne- Ⓒ
kuchen: Kantipper, kantapper …
 (gesprochen)
 Nanu, nanu, wer bist denn du?

Pferd: *(gesprochen)*
Hallo, hallo, ich bin ein Pferd
und heiße Trappelbein.
Ich habe dich zum Fressen gern,
drum schling ich dich jetzt rein!

Drei Ⓑ
Kinder: Seht euch an den frechen Wicht,
will gefressen werden nicht.
Er ist keineswegs erschreckt,
als das Pferd die Zähne bleckt.

Pfanne- Ⓒ
kuchen: Kantipper, kantapper …
 (gesprochen)
 Wer ist nur hier,
 wer seid denn ihr?

Drei *(gesprochen)*
Kinder: Noch gar nichts gab's zu essen heut,
wir Kinder sind in Not.
Kein Vater, keine Mutter macht
für uns das Abendbrot.

Pfanne- Ⓐ
kuchen: Was bin ich für ein dicker, fetter Pfannekuchen!
Ich bin gelungen, bin so lecker und so fein.
Die Kinder sind so hungrig, sie solln mich versuchen,
drum springe ich in ihren leeren Korb hinein.

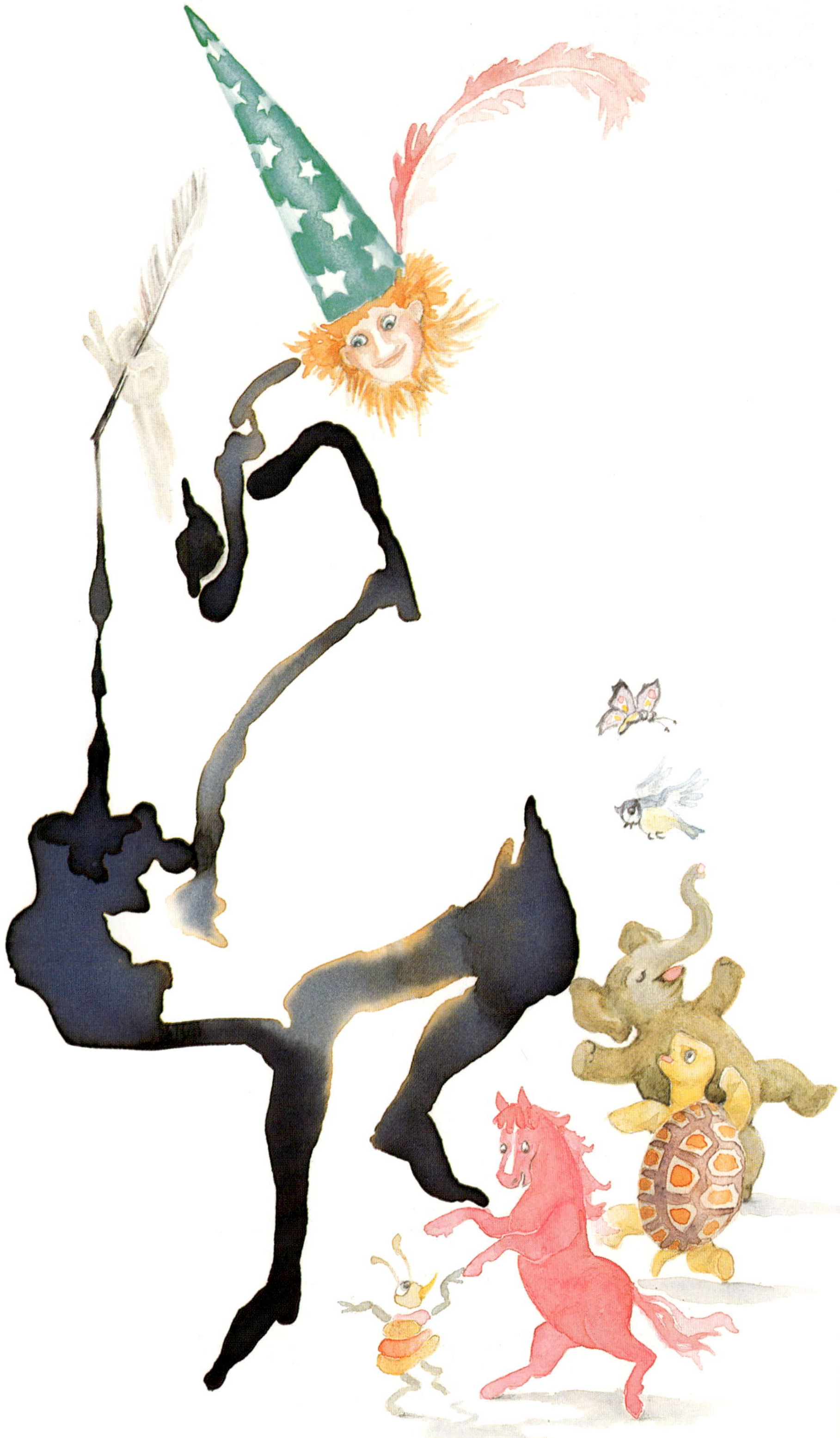

Lustige Spielereien

Text: A.H. Hoffmann von Fallersleben, Melodie: Hermannjosef Rübben, © Breitkopf und Härtel

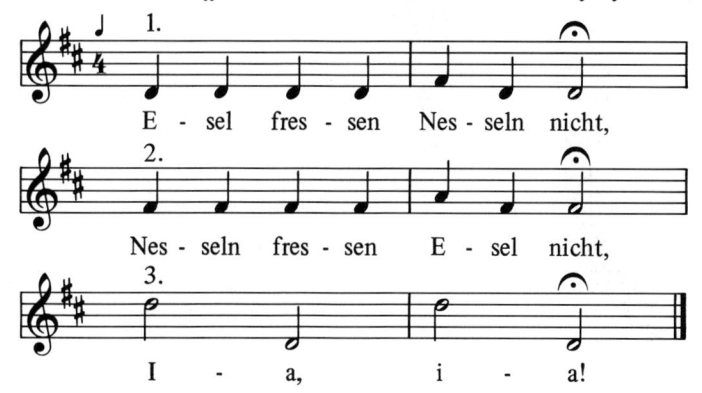

1. E - sel fres - sen Nes - seln nicht,
2. Nes - seln fres - sen E - sel nicht,
3. I - a, i - a!

Mit Händen und Füßen

Textfassung: Gerhard Schöne, Melodie: aus Italien, © Patmos

1. Das Au-to von Lu-ci-o, das hat ein Loch im Rei-fen,
   Brrrm   Mmm   Psss   Bllp
   das Au-to von Lu-ci-o, das hat ein Loch im Rei-fen,
   Brrrm   Mmm   Psss   Bllp
   das Au-to von Lu-ci-o, das hat ein Loch im Rei-fen,
   Brrrm   Mmm   Psss   Bllp
   und hat's ein Loch im Rei-fen, dann klebt er es zu mit Kau-gum-mi.
   Psss   Bllp   Mnamnam

2. Das Brrrm von Lucio, das hat ein Loch im Reifen …
   Und hat's ein Loch im Reifen, dann klebt er es zu mit Kaugummi.

3. Das Brrrm von Mmm, das hat ein Loch im Reifen …
   Und hat's ein Loch im Reifen, dann klebt er es zu mit Kaugummi.

4. Das Brrrm von Mmm, das hat ein Psss im Reifen …
   Und hat's ein Psss im Reifen, dann klebt er es zu mit Kaugummi.

5. Das Brrrm von Mmm, das hat ein Psss im Bllp …
   Und hat's ein Psss im Bllp, dann klebt er es zu mit Kaugummi.

6. Das Brrrm von Mmm, das hat ein Psss im Bllp …
   Und hat's ein Psss im Bllp, dann klebt er es zu mit Mnamnam.

Gesten und Geräusche

Brrm Mmm Psss Bllp Mnamnam

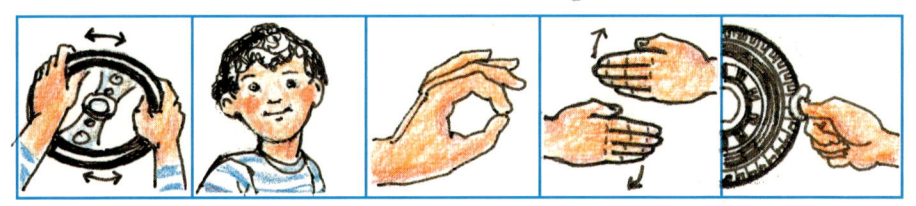

Text und Melodie: aus den USA, Text- und Melodieübertragung: Peter Fuchs, © Klett

1. Du - bi - du - bi - du - bi - du, du - bi - du - bi - du - bi - du,
du - bi - du - bi - du - bi - du, bi du - bi - du - bi - du. *Schluß*

1. Die rech - te Hand nach vorn, die rech - te Hand zu - rück,
wir schüt - teln uns und drehn uns um, und fangn von vor - ne an.

2. Die linke Hand nach vorn, die linke Hand zurück,
wir schütteln uns und drehn uns um und fangn von vorne an.

3. Den rechten Fuß nach vorn, ...   4. Den linken Fuß nach vorn, ...

5. Das rechte Knie ganz tief, das linke Knie ganz tief,
wir stehen auf und drehn uns um und fangn von vorne an.

Weitere Strophen kann man selbst erfinden.

Text: Helga Glöckner Neubert, Melodie: aus der Slowakei, © Junge Welt

Mut - ter gab mir ei - ne Kro - ne, ei - nen Fisch zu kau - fen,
bald da - nach kam ich mit ei - nem gro - ßen Fisch ge - lau - fen.

(Immer | auf die Schenkel | in die Hände | auf die Schenkel | in die Hände
rechts-links | klatschen | klatschen | klatschen | klatschen
abwechseln)

Wie er auf - ge - regt mit der Flos - se schlägt!

Hände gegeneinander schieben, vorne – hinten

Das ist, ist nun mal die Art der Fi - sche.

Fäuste aufeinander,   *Hand an Ellenbogen legen*
oben – unten abwechseln

Pfänderspiele

Text und Melodie: volkstümlich

Auf der Mau-er, auf der Lau-er sitzt 'ne klei-ne Wan-zen.
Seht euch nur die Wan-zen an, wie die Wan-zen tan-zen kann!
Auf der Mau-er, auf der Lau-er sitzt 'ne klei-ne Wan-zen.

Wanzen	tanzen
Wanze	tanze
Wanz	tanz
Wan	tan
Wa	ta
W	t

To má ten sa lát to ma tén sa lat tó ma ten sá lat to má ten sa lát to ma tén sa lat tó ma ten sá lat to má ten sa lát.

Text und Melodie: volkstümlich

1. Jetzt fahrn wir übern See, übern See, jetzt fahrn wir übern See
mit einer hölzern Wurzel, Wurzel, Wurzel, Wurzel,
mit einer hölzern Wurzel, kein Ruder war nicht dran.

2. Und als wir drüber warn, da sangen alle Vöglein,
   der helle Tag brach an.

3. Der Jäger blies ins Horn, da bliesen alle Jäger,
   ein jeder in sein Horn.

4. Das Liedlein, das ist aus, und wer das Lied nicht singen kann,
   der fang von vorne an.

Text und Melodie: volkstümlich

Mein Hut der hat drei Ekken, drei Ekken hat mein Hut,
und hat er nicht drei Ekken, dann ist er nicht mein Hut.

Aufzähllieder

Text und Melodie: volkstümlich

1.–4. Wi - de - wi - de - wen - ne heißt mei - ne Gluck - hen - ne.
1. Kann-nicht-ruhn heißt mein Huhn, Wak-kel-schwanz heißt meine Gans.
1.–4. Wi - de - wi - de - wen - ne heißt mei - ne Gluck - hen - ne.

2. Schwarz-und-weiß heißt meine Geiß, Treib-ein so heißt mein Schwein.
   Kann-nicht-ruhn . . ., Wackelschwanz . . .

3. Ehrenwert heißt mein Pferd, Gute-Muh heißt meine Kuh.
   Schwarz-und-weiß . . ., Treib-ein . . .

4. Wettermann heißt mein Hahn, Kunterbunt heißt mein Hund.
   Ehrenwert . . ., Gute-Muh . . .

Text und Melodie: aus Kanada

1.–6. Klei - ne Ler - che, lie - be klei - ne Ler - che,
klei - ne Ler - che, wart, ich zup - fe dich! *Ende*

1. Am Köpf-lein zupf ich dich, am Köpf-lein zupf ich dich,
2. Am Häls-lein zupf ich dich, am Häls-lein zupf ich dich,
3. Am Schnäblein zupf ich dich, am Schnäblein zupf ich dich,

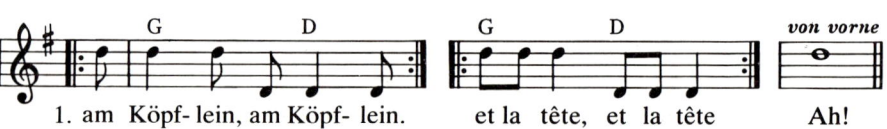

von vorne

1. am Köpf-lein, am Köpf-lein. et la tête, et la tête   Ah!
2. am Häls-lein, am Häls-lein, et le cou, et le cou
3. am Schnäblein, am Schnäblein, et le bec, et le bec
4. am Rük-ken am Rük-ken,   et le dos, et le dos
5. am Flü-gel, am Flü-gel,   et les ailes, et les ailes,
6. am Füß-lein, am Füß-lein.   et les pattes, et les pattes

Text: nach Paula Dehmel, Melodie: Adolf Lohmann, © Christophorus

1. Der Müller hat ein Mühlenhaus, Mi - Ma - Mühlenhaus,
kommt Korn hinein und Mehl heraus, Mi - Ma - Mehl heraus.
Mühlenhaus – Mehl heraus:
So sieht unsre Wirtschaft aus.

2. Der Bäcker, der backt weiße Wecken, wi- wa- weiße Wecken,
   (𝄽) braunes Brot und Streuselschnecken, Stri- Stra- Streuselschnecken.
   Weiße Wecken – Streuselschnecken –
   Mühlenhaus – Mehl heraus:
   So sieht unsre Wirtschaft aus.

3. Der Schlachter schlacht' ein feistes Schwein, fi- fa- feistes Schwein
   und pökelt Speck und Schinken ein, Schi- Scha- Schinken ein.
   Feistes Schwein – Schinken ein –
   weiße Wecken – Streuselschnecken –
   Mühlenhaus – Mehl heraus:
   So sieht unsre Wirtschaft aus.

4. Der Bauer hat 'ne bunte Kuh, bi- ba- bunte Kuh,
   die gibt uns Milch und Butter dazu, Bi- Ba- Butter dazu.
   Bunte Kuh – Butter dazu –
   feistes Schwein – Schinken ein –
   weiße Wecken – Streuselschnecken –
   Mühlenhaus – Mehl heraus:
   So sieht unsre Wirtschaft aus.

Die Arche Noah

Text: Michael Ende, Melodie: aus England, © Klett

1. Erst kamen die Tiere in Reihen zu zwein: Zu Schiff! Zu Schiff!
Der Nasenbär und das Warzenschwein: Quie-quiek! Schniff-schniff!
Erst kamen die Tiere in Reihen zu zwein,
der Nasenbär und das Warzenschwein.
In die Arche stiegen sie dann, weil grad die Sintflut begann.

2. Dann kamen die Tiere in Reihen zu dritt: Macht Platz! Macht Platz!
Auch Wanzen und Flöhe durften mit: Juck-juck! Kratz-kratz!
Dann kamen die Tiere in Reihen zu dritt,
auch Wanzen und Flöhe durften mit.
In die Arche stiegen sie dann, weil grad die Sintflut begann.

3. Nun kamen die Tiere in Reihen zu viert: Wie eng! Wie eng!
   Das Stinktier benahm sich ungeniert: Pfüt-pfüt! Peng-peng!
   Nun kamen die Tiere in Reihen zu viert,
   das Stinktier benahm sich ungeniert.
   In die Arche stiegen sie dann, weil grad die Sintflut begann.
4. Bald kamen die Tiere in Reihen zu fünft: Macht schnell! Nur zu!
   Die Bulldogge hat die Katz' geschimpft: Rabau! Miuuu!
   Bald kamen die Tiere in Reihen zu fünft,
   die Bulldogge hat die Katz' geschimpft.
   In die Arche stiegen sie dann, weil grad die Sintflut begann.
5. Es kamen die Tiere in Reihen zu sechst durch Sturm und Matsch.
   Die Taube hat Noahs Hut bekleckst: Schlipp-schlupp! Plitsch-platsch!
   Es kamen die Tiere in Reihen zu sechst,
   die Taube hat Noahs Hut bekleckst.
   In die Arche stiegen sie dann, weil grad die Sintflut begann.
6. Sie kamen in Reihen sogar zu siebt: Sieh da! Sieh da!
   So kommt es wohl, daß es sie noch gibt: Hurra! Hurra!
   Sie kamen in Reihen sogar zu siebt,
   so kommt es wohl, daß es sie noch gibt.
   In die Arche stiegen sie dann, weil grad die Sintflut begann.

Von merkwürdigen Tieren

HA LI HA LO HALUNKEN, DIE FISCHE SIND ERTRUNKEN
DER REGEN WURDE PIT-SCHE-NASS
UND UNSER VOLL LEICHENBLASS
HA LI HA LO HALUNKEN, DIE FISCHE SIND ERTRUNKEN

Text: Maria Mohr-Reucker, Melodie: Richard Rudolf Klein, © Diesterweg

1. Hal-li-Hal-lo-Ha-lun-ken, die Fi-sche sind er-trun-ken.
   Der Re-gen wur-de pat-sche-naß
   und un-ser Voll-mond lei-chen-blaß.
   Hal-li-Hal-lo-Ha-lun-ken, die Fi-sche sind er-trun-ken.

2. Trari-Trara-Trabanten,
   der Kreis hätt gerne Kanten.
   Der Würfel wäre gerne rund,
   der Regenbogen nicht mehr bunt.
   Trari-Trara-Trabanten,
   der Kreis hätt gerne Kanten.

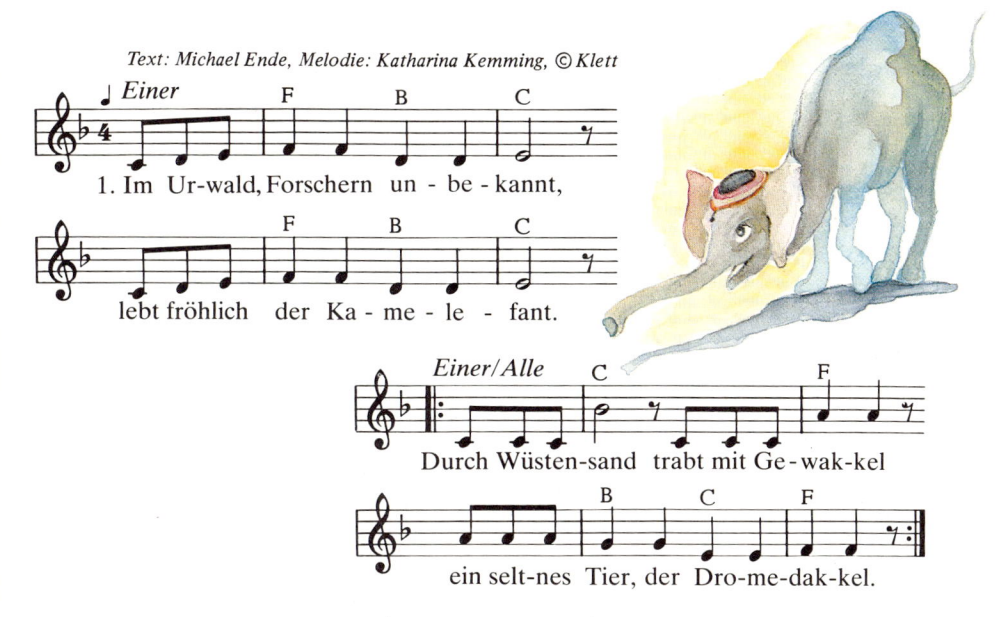

Text: Michael Ende, Melodie: Katharina Kemming, © Klett

1. Im Urwald, Forschern unbekannt,
lebt fröhlich der Kamelefant.
Durch Wüstensand trabt mit Gewakkel
ein seltnes Tier, der Dromedakkel.

2. Im bunten Federkleid ganz leis
meckert im Stall die *Papageis*.
Es piekt im Bett mal dort, mal da
gestreift und platt das *Wanzebra*.

3. Man zählt erstaunt der Beine sechse
(trotz Schwanz!) bei jeder *Ameidechse*.
Besonders schmerzensreiche Bisse
verursacht uns die *Nashornisse*.

4. Ein Tier mit Haus, das kriecht, nennst du,
wenn's plötzlich hüpft: *Schneckänguruh*.
Mit Hörnern krabbeln (?) durch die Tropen
die *Feuersalamantilopen*.

5. Sehr scheu, und ganz und gar kein Krieger,
lebt im Gebirg' der *Murmeltiger*.
Mit viel Gequiek und viel Gewerkel
fliegt auf den Baum das *Maikäferkel*.

6. Im Vogelkäfig riesengroß
singt das *Kanarhinozeros*.
Durchs Wasser schwimmt mit buntem Fittich
laut zwitschernd der *Forellensittich*.

7. Wohl weil er nackt ist, braucht er solch
ein Flügelpaar, der *Fledermolch*.
Es wiehert süß mit offnem Maul
bei Mondenschein der *Nachtigaul*.

8. Zum Kämmen brauchst du einen Striegel
und Heldenmut beim *Krokodigel*.
Es schlängelt sich, im Maul ein Körnchen,
den Baum hinauf das *Blindschleichhörnchen*.

9. Du meinst, es gibt kein einz'ges Tier
von allen, die ich nannte hier?
Sei doch so gut und mal sie mir,
dann gibt es sie – auf dem Papier.

Sonderbare Geschichten

Text und Melodie: volkstümlich

1. Der Jäger längs dem Weiher ging. Lauf, Jäger lauf!
Die Dämmerung den Wald umfing. Lauf, Jäger lauf, Jäger lauf, lauf, lauf, mein lieber Jäger, guter Jäger lauf, lauf, lauf, mein lieber Jäger lauf, mein lieber Jäger lauf!

2. Was raschelt in dem Grase dort? Lauf ...
   Was flüstert leise fort und fort? Lauf, Jäger ...

3. Was ist das für ein Untier doch? Lauf ...
   Hat Ohren wie ein Blocksberg hoch! Lauf, Jäger ...

4. Das muß fürwahr ein Kobold sein! Lauf ...
   Hat Augen wie Karfunkelstein! Lauf, Jäger ...

5. Der Jäger furchtsam um sich schaut! Lauf ...
   Jetzt will ich's wagen, oh, mir graut! Lauf, Jäger ...

6. O Jäger laß die Büchse ruhn. Lauf ...
   Das Tier könnt dir ein Leides tun! Lauf, Jäger ...

7. Der Jäger lief zum Wald hinaus! Lauf ...
   Verkroch sich flink im Jägerhaus. Lauf, Jäger ...

8. Das Häschen spielt im Mondenschein! Lauf ...
   Ihm leuchten froh die Äugelein. Lauf, Jäger ...

Text und Melodie: Hans Poser, © *Fidula*

Alle: 1.–6. Wir sind die wohl-be-kannten, lu - stigen Bremer Stadtmusi- kan-ten,

1. mu - si - zie - ren und mar-schie-ren in die gro-ße Stadt hin-ein;

denn in Bre-men soll das Le - ben lu - stig sein.

1.–6. I - a, wau-wau, i - a, wau-wau, mi - au, ki - kri-kie!

Esel   2. Muß mich plagen, Säcke tragen
und darf niemals müßig sein,
doch in Bremen soll das Leben lustig sein.

Hund   3. Muß stets bellen, Räuber stellen
und darf niemals schläfrig sein, doch ...

Katze   4. Muß mich plagen, 's Mäuslein jagen,
und wär es auch noch so klein, doch ...

Hahn   5. Muß mich schinden und verkünden
schon den ersten Sonnenschein, doch ...

       6. *wie* 1.

Räuberlieder

Textfassung: Ulrich Kabitz, Melodie: aus Frankreich, © Fidula

1. Im Walde von Toulouse, da haust ein Räuberpack, da haust ein Räuberpack, schnedde-reng, peng peng, schnedde-reng, perline, peng peng!
2. Es waren ihrer fünfzig, verborgen im Gebüsch. Verborgen im Gebüsch ...
3. Sie sprachen zueinander: „Schau nach, ob einer kommt!" Schau nach ...
4. Ich sehe einen kommen, der sitzt auf hohem Pferd!" Der sitzt ...
5. „Mein Herr bleibt bitte stehen! Wo habt ihr euer Geld?" Wo habt ...
6. „Ich hab's in meiner Börse, ich hab's in meinem Rock!" Ich hab's ...
7. „So gebt denn eure Börse, sonst legen wir euch um!" Sonst legen ...
8. Im gleichen Augenblicke, da kam die Polizei. Da kam ...
9. Da hoben alle Räuber ganz schnell die Hände hoch. Ganz schnell ...
10. Im Walde von Toulouse gibt's keine Räuber mehr. Gibt's keine ...

Vorspiel   *Liedanfang*

Textfassung: James Krüss, Melodie: Thorbjörn Egner, © Blanvalet

1. Ist mein Hemd nicht da? Ist mein Rock nicht da?
Und wo ist meine kleine Mundharmonika?
Wo ist dies und das? Wo ist das und dies?
Und wo ist der Strumpf, in dem ich sieben Taler ließ?
1.–4. Alles das war gestern abend doch noch da!

2. Wo sind Topf und Kann'? Wo sind Zwirn und Garn?
Und wo sind denn die Löcher, die im Strumpfe warn?
Sagt doch, wo, ach, wo ist mein Hut aus Stroh?
Und wo ist denn nur der Kragen meiner Weste? Wo?

3. Wo kam's Täschlein hin? Wo kam's Fläschlein hin?
Und wo ist meine Büchse mit Sardinen drin?
Wo ist Hustensaft? Der war fabelhaft.
Und wo sind denn die Tabletten für die Muskelkraft?

4. Ist der Hering weg? Ist der Kuchen weg?
Und wo sind denn die Gabeln und das Fischbesteck?
Wo ist Jesper hin? Wo ist Kasper hin?
Wo ist Jonathan? Was hat er mit dem Geld im Sinn?

Zaubereien

Abra Obra umbra Umbra susam öffne sesam dich

ABRA KADABA KADABRA KADABRA DOMINE

Jonowiss Kiwi Kei Wisi Heino Kimi Nei Lami Kasto Niki Nei Simu Lanka wer's auch sei!

Text: Lore Kleikamp, Melodie: Detlev Jöcker, © Menschenkinder

Da steht der Zaub-rer Schrappelschrut mit sei-nem gro-ßen Zau-ber-hut.
Er ü-berlegt, schaut ihn nur an, was er wohl wie-der zau-bern kann.

Zauberer: schrippel schrappel Huckebein du sollst eine Katze sein

Kinder: miauuuuu chchch miauuuuuu
miiiaaauuu

Text: James Krüss, Melodie: Hans-Georg Mareck, © Klett

Ⓐ
1. Es lebte einst ein Zauberer Ko-ri, Ko-ra, Ko-rin-the.
Der saß in einem Tintenfaß und zauberte mit Tinte.

Ⓑ
Wenn jemand damit Briefe schrieb und schmi und schma und schmollte,
dann schrieb er etwas anderes, als was er schreiben wollte.

Ⓐ
2. Einst schrieb der Kaiser Fortunat
mit Sie, mit Sa, mit Siegel:
Der Kerl, der mich verspottet hat,
kommt hinter Schloß und Riegel.

Ⓐ
Doch als der Brief geschrieben war
mit Schwi, mit Schwa, mit Schwunge,
da stand im Brief: Mein lieber Sohn,
du bist ein guter Junge!

Ⓑ
Da schmunzelte der Zauberer
Kori, Kora, Korinthe
und schwamm durchs ganze Tintenfaß
und trank ein bißchen Tinte.

Ⓐ
3. Heut schrieb der Kaufmann Steenebarg
aus Bri, aus Bra, aus Bremen
an seinen Sohn in Dänemark:
Du solltest dich was schämen!

Ⓐ
Doch hinterher las man im Brief,
vergni, vergna, vergnüglich:
Der Kerl, der mich verspottet hat,
der dichtet ganz vorzüglich!

Ⓑ
Da schmunzelte der Zauberer
Kori, Kora, Korinthe
und schwamm durchs ganze Tintenfaß
und trank ein bißchen Tinte.

Ⓐ
Schluß Und wer das Lied nicht glauben will
vom Schri, vom Schra, vom Schreiben,
der ist wahrscheinlich selber schuld
und läßt es eben bleiben!

Gespenster

Text: James Krüss, Melodie: Richard Rudolf Klein, © Dt. Theaterverlag

1. Hun-dert-zwei Ge-spen-ster-chen sa-ßen ir-gend-wo hin-ter mei-nem Fen-ster-chen. Da er-schrak ich so.

2. Hundertzwei Gespensterchen
   waren sehr vertrackt:
   An mein Kammerfensterchen
   klopften sie im Takt.

3. Hundertzwei Gespensterchen
   waren plötzlich fort.
   Schlich mich schnell zum Fensterchen.
   Fand sie nicht mehr dort.

4. Hundertzwei Gespensterchen
   — denkt euch, wie famos —
   waren an dem Fensterchen
   Regentropfen bloß! *(gekürzt)*

Text: Josef Guggenmos, © Bitter, Melodie: Dorothée Kreusch-Jacob, © Autorin

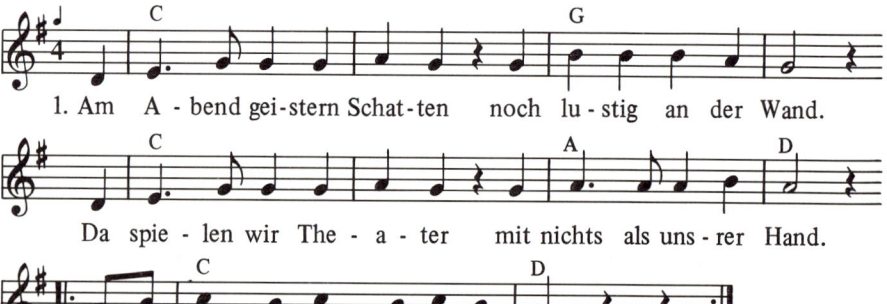

1. Am A-bend gei-stern Schat-ten noch lu-stig an der Wand. Da spie-len wir The-a-ter mit nichts als uns-rer Hand. Ba-di-bom-ba-di-ba-di-ba-dom...

2. Wer zeigt sich überm Bette,
   welch Untier groß und grau?
   Das ist der Wolf, der böse,
   den kennt man ganz genau! Badibom ...

3. Sein Hunger ist gewaltig,
   sein Rachen fürchterlich:
   Du Ziegenbock da drüben,
   gib acht, gleich frißt er dich! Badibom ...

4. Der Gockelhahn, der stolze,
   macht seine Sache gut.
   Wer kommt ihm da entgegen?
   Sieh an, ein Herr mit Hut! Badibom ...

5. Was tut die brave Ente
   in unserm Schattenspiel?
   Mit ihrem Schnabel schnappt sie
   keck nach dem Krokodil! Badibom ...

6. Am Schluß gibt's was zu lachen:
   ein Has', der Männchen macht!
   Er winkt mit seiner Pfote:
   für heute gute Nacht! Badibom ...

Text: Wolfgang Buresch, Melodie: Ingfried Hofmann, © Recitel Musikverlag

A
1. Jetzt ü-be ich Gespenst zu sein und klir-re mit den Ketten und hui! in al-le Win-kel rein und spring auf al-le Bet-ten. Dann schlurf ich mit dem linken Schuh und ruf noch lau-ter „uuh!"

B
Da kriegt selbst das Gespenst den Schreck und läuft schnell weg!
Da kriegt selbst das Gespenst den Schreck und läuft schnell weg!

A 2. Hat das Gespenst dann wieder Mut,
kreischt es in höchsten Tönen
und kichert laut, – das kann es gut! –
und fängt noch an zu stöhnen,
dann schlurft es mit dem rechten Schuh
und ruft schon wieder „uuh!"

B Da kriegt selbst das Gespenst den Schreck
und läuft schnell weg!
Da kriegt selbst das Gespenst den Schreck
und läuft schnell weg!

Begleitung zu Teil **B**

Gl. Spiel

Xyl.

Einigkeit und Recht und Freiheit

Text: Hoffmann von Fallersleben, Melodie: Josef Haydn

3. Ei - nig - keit und Recht und Frei - heit
für das deut - sche Va - ter - land!
Da - nach laßt uns al - le stre - ben
brü - der - lich mit Herz und Hand!
Ei - nig - keit und Recht und Frei - heit
sind des Glük - kes Un - ter - pfand.
Blüh im Glan - ze die - ses Glük - kes,
blü - he deut - sches Va - ter - land!

Methodisch-didaktischer Schlüssel

Erste Anregungen zum vielseitigen Umgang mit dem Lied
(Näheres siehe Lehrerband).

	Stimmbildung Stimmgestaltung Textgestaltung	Instrumente Klangmaterialien Begleitung Klanggestaltung	Bewegen Tanzen Darstellen Bildn. Gestalten	Melodie Rhythmus Form/Ton-art/Klänge
S. 6/7 Du und ich	Text ausdrucksvoll sprechen	M. Instr., Klängen experimentieren u. improvisieren		Moll-Leiter graf. Notation
S. 8/9 Wie mir zumute ist	Silben „Schubidu" sprechen und singen	Vorspiel mit Orff-Instrumenten	Stimmungen in Bewegung ausdrücken	Veränd. im Rhythmus
S. 10/11 Zusammen geht es besser	Atmung, lange Melodiebögen, gebundenes Singen	Gitarren-begleitung	Darstellen des Liedinhalts	
S. 12/13 Wir gemeinsam	Textgestalt. durch Mel. u. Rhythmus Stimmgeräusche	Vorspiel (mel.) Klangmalen mit Instrumenten	Bewegungsspiel: Pantomime	Kanon freie Klänge
S. 14/15 Kinder, die auch stark sind	Selbstgefundenen Text singen und gestalten			Gegenüber-stellung: Dur-Moll; ♫ ♪.♪
S. 16/17 Wer gehört zu uns	Selbst weitere Strophen finden	Grundbässe, mit Klangstäben spielen	Fadenpuppen basteln, Lied-inhalt gestalten	Liedform durch Bew. erfahren
S. 18/19 Was wird aus unsrem Müll	mit Stimmen experimentieren und Texte gestalten	Material unter-schiedl. zus.stel-len/ instr. Begl.		Mel. u. Rh. weiter-führen/ 2-stimmig
S. 20/21 Natur und wir	Melodiebögen Textgestaltung Stimmgeräusche			Dur-Moll-Gegensatz
S. 22/23 Im Frieden miteinander	Text singen, Mel. erfinden, Wörter rhythmisieren	instr. Unter-stützung von Mel. u. Rhythmus	Gemeinschaft in Tanzform gestalten	Rondoform zusammen-stellen
S. 26/27 Begrüßung und Abschied	Intonationsreinheit für einfache Mehrstimmigkeit	rhythm. u. melod. Begleitformen	Tanzgestaltung in Gesten	Kanon
S. 28/29 Geburtstag	schwingende Gest. d. Strophe, Klang-band i. Töne setzen	Wolke und Regen-bogen mit Klängen darstellen	Steine bemalen	schwingende Gestaltung: ♪.♪
S. 30/31 Glanzlichter zur Herbstzeit	Vokale, Konsonan-ten: ra-bimmel/ Zipfel Atemspiele	rhythm. Begleit-formen für Orff-Instrumente	Kürbislaternen u.a. basteln und malen	wiegender Dreier
S. 32/33 Vorfreude aufs Fest	Arbeit an Ton-höhen, Stimm-klang, Atemstütze	Vorspiel: Orff-Instr., Rh.-Instr. auch zur Begl.	Brauchtum: Plätzchen gestalten	
S. 34/35 Weihnachts-zeit	Glockenklänge durch Stimmen (auch als Vorspiel)	mel. Vorspiel, instr. Besetzung d. 2. Stimme		Kanon, Mehrstim-migkeit

	Stimmbildung Stimmgestaltung Textgestaltung	Instrumente Klangmaterialien Begleitung Klanggestaltung	Bewegen Tanzen Darstellen Bildn. Gestalten	Melodie Rhythmus Form/Tonart/Klänge
S. 36/37 Weihnachtsgeschichte	Intonation von Terzen, Mel.-bögen, Wechselges.		Lieder zur Geschichte verbinden u. darst.	2-stimmig
S. 38/39 Frühlings- und Osterfest	ausdrucksvolles Sprechen u. Textgest./mehrst. Rufe	Text mit Instr. untermalen	sorbisches Brauchtum: Eier bemalen	
S. 42/43 Schön ist die Welt	Gestaltungsfähigkeit der Stimme	Gitarrenbegl.		Wanderrhythmus (Vierertakt)
S. 44/45 Unterwegs im Land	Bindebögen einf. 2. Stimme rhythm. Sprechen	Begl. mit Instr. Ortsnamen spielen	Eigenes Spieltableau malen	2-stimmig, Formgestalt. des Spiels
S. 46/47 Im Wald	Bindebögen Sprechspiel als Vor- u. Nachspiel			2-stimmig, Sechstonreihe in Moll
S. 48/49 Am Lagerfeuer	Sprechtextgest. mit Lauten u. klangmalenden Wörtern	mel. Vorspiel	Tonarten	Lauter < > leiser (Textgest.)
S. 50/51 Cowboys und Indianer	Rufe gestalten: Wee ya ...	Pferdegetrappel durch Instr. gest. zur Begleitung	Bewegungsgest.: Bär - Adler	Liedform Echorufe: Laut - leise
S. 52/53 Kommt mit zur Bahnhofsbr.	Lautbilder zum Zug rhythm. einsetzen	einfache Gitarrenbegleitung	Zugspiele	lauter < > leiser
S. 54/55 Trara, die Post ist da	Dreiklang sauber intonieren	Postsignale spielen u. mit ihnen inprov.		Dreiklangsmelodik, Quartsprung
S. 56/57 Traktor und Pflug	klangmalende Elemente u. Textgestaltung	Grundbässe mit Klangstäben		lauter < > leiser, schneller-langsamer
S. 60/61 Guten Morgen	Große Melodiesprünge und Tonumfang	Grundbässe mit Klangstäben/ Gitarrenbegleitung	Begrüßungsszenen in anderen Sprachen	Kanon
S. 62/63 Guten Abend	lange Atembögen/ Artikulation: Wind/Blätter u.a.	2. Stimme, auch für Instr. geeignet		2-stimmig, Moll
S. 64/65 Die Jahresuhr	Gestaltung durch Singen, Sprechen, Klatschen	mel. Liedbegl.	Spielform mit rhythm. Klatschen	3-stimmig, Rhythmussteine
S. 66/67 Der Frühling kehrt wieder	Arbeit an Atemstütze u. Tonhöhe (tra-la...)	mel. Vorspiel 2. Stimme auch als Begl.		Rufterz, Kanon, 2-stimmig
S. 68/69 Frühlingszeit	Konsonantenbildung (m, sch), Bindebögen	mel. Vorspiel, Melodiebausteine zur Begl.	Dreier durch Bewegung erfahren	Kanon, Klavierbegl. (Mozart)

	Stimmbildung Stimmgestaltung Textgestaltung	Instrumente Klangmaterialien Begleitung Klanggestaltung	Bewegen Tanzen Darstellen Bildn. Gestalten	Melodie Rhythmus Form/Ton- art/Klänge
S. 70/71 Sommerszeit	Strophen erfinden Sprechspiel als Vorspiel	Liedbegl. durch Bausteine	Basteln zum Liedinhalt: Kerne u.a.	2-stimmig, Wanderrh. (Vierertakt)
S. 72/73 Herbstzeit	Arbeit an Ton- höhen u. Melodie- bögen/ Sprechspiel	2. Stimme auch für Instr.	Tanzgestaltung bildn. Blattgest.	Kanon, Dreiklangs- mel. Moll/ Fünftonreihe
S. 74/75 Winterfreuden	abwechslungs- reiche Gestaltung durch Stimme	Gitarrenbegl.		Liedformteile untersch. u. zus.stellen
S. 76/77 Ich male mir den Winter	ruhige Stimm- führung Wechselgesang		Textinhalt bildnerisch gestalten	Moll, Unter- schied von ♪♪ u. ♪.♪
S. 80/81 Tierstimmen- wettstreit	Tierstimmen imitieren/ Vokalbild.: huu	instr. Gestaltung des Kanons		Rufterz, Oktave, Moll
S. 82/83 Vogelkonzert	Silbenspiel: tjo, tü Mehrstimmigkeit	instr. Begleitung: 2. Stimme	Vogelhochzeit mit Puppen gestalten	Kanon, Fünftonreihe, Dreiklang
S. 84/85 Tierallerlei	Silbenspiel aus Liedelementen: ding .../ sim-sa ...	mel. Vorspiel, Bordunbegleitung	Fingerspiel zum Spinnenlied	Kanon, Bordun
S. 86/87 Lauf mein Pferdchen	rh. Sprechspiel, Begleitrh. sprechen (klack)	instr. Begleitung: ♪♪♪♪ ...	Instr. für Pferde- getrappel basteln Pferdespiele	lauter-leiser, Fünftonreihe (Moll)
S. 88/89 Von Käfern u. Quallen und ...	lautmalende Gleit- klänge (oh/ah), erzähl. Liedgest.	Klanggestaltung: Wellen/ Wasser durch Stabspiele		Gleitklänge Tempover- änderung (⌒)
S. 90/91 Bäume im Wind	klangmalende Sprechgestaltung	Klanggestaltung durch Orff-Instr.	Bew.: wiegende Bäume v. Wur- zeln b. z. Wipfeln	Auftakte 2-stimmig
S. 92/93 Von Beeren und Blumen	Arbeit an Tonhöhe gr. Tonsprünge, Wechselgesang		Blüten- u. Beerenmosaik	Tonsprünge, wiegender Rhythmus
S. 94/95 Sonne u. Regen	Sprechspiel	Text mit Instr. unterlegen		Rufterz, Bordun
S. 98/99 Tanz auf der Brücke	Melodie- u. Atem- bögen: fal-la ...		Tanzgestaltung, szen. Gestaltung zum Liedinhalt	Moll
S. 100/101 Musikanten u. Instrumente	Namenspiel: Mi-ki-ta	anspruchsvolle Spielmögl. für Orff-Instr.		mel. u. rh. Bausteine Instr.-kunde
S. 102/103 Tanzspiele	gr. Mel.-Sprünge: ru-di-ral-la ...		feste u. freie Tanzgest. i.Kreis	Formteile in Bew. darst.
S. 104/105 Tanzen i. Kreis u. i. d.Schlange		instr. Begl. zum Lied tänz. Instr.-Stück	Raumformen er- fahren/Bew.arten: laufen/hüpfen	Metrum durch Bew. darstellen

	Stimmbildung Stimmgestaltung Textgestaltung	Instrumente Klangmaterialien Begleitung Klanggestaltung	Bewegen Tanzen Darstellen Bildn. Gestalten	Melodie Rhythmus Form/Tonart/Klänge
S. 106/107 Heute tanzen alle		mel. u. rhythm. Liedbegleitung	Tanzgesten u. Bewegungsformen erfahren	Musizieren m.Bausteinen Teile erkenn.
S. 108/109 Figuren tanzen	schwingende Gestalt. der Lieder	Bongobegl.	Bew.-charakter erfassen u. durch Puppen gestalten	Tanzrh.: Rumba, Boogie
S. 110/111 Tausendfüßler- u.Elefantentanz	Silbenspiel: Ti-gi-di-tagg ...	Begleitelemente zu Tanzschritten	Übung von einf. Schritten/ Raumformen	Melodieimpulse i. Bew. umsetzen
S. 112/113 Aufschneidereien	Rufe, Wechselgesang	Bausteine für Vorspiel u. Begl.	gestische Gestaltung: Pantomime	Unterscheidung: ♪ - ♪.
S. 114/115 V. dick., fetten Pfannekuchen	Geschichte mit Melodie u. Sprechteilen gestalten	Begl. durch Orff-Instr.	Fadenpuppen/ Schablonen auf Overhead-Proj.	
S. 118/119 Mit Händen und Füßen	Stimmgesten: Brr, Mm ... Silbenspiel: Du-bi	Körperinstr. rhythm. einsetzen	Wörter durch Stimmgesten u. Bew. ersetzen Bew.-spiele	Formteile durch Bew. erfahren, Melodieauf- u. -abbau
S. 120/121 Pfänderspiele	Silbenspiel: Aufbau - Abbau Spiele m. Akzent.		Verbindung von Mel. u. Gestik	Melodieauf- u. -abbau/ Wortakzente
S. 122/123 Aufzähllieder	Strophen erfinden Klangbilder von Wörtern in dt.-frz.	einf. Begl./ Grundbässe mit Stabspielen	Verbindung v. Mel. u. Gestik Tanz zum Mühlenhaus	Fünftonreihe/ Oktave
S. 124/125 Die Arche Noah	Artikulation/ erzählender Liedcharakter	Gitarrenbegl.	Bildgeschichte gestalten mit Fadenpuppen	Moll, schwebender Dreier
S. 126/127 Von merkwürd. Tieren	Lautgest./ ausdrucksvolles Sprechen	Gitarrenbegl.	zum Liedtext malen	Text: frei gesprochen - gesungen
S. 128/129 Sonderbare Geschichten	vielfält. Gestaltung d. Strophen	instr. Besetzung der 2. Stimme, 4. Zeile als Vorspiel	Liedvortrag mit Gesten verbinden Tiermasken	2-stimmig
S. 130/131 Räuberlieder	Silbenspiele: schnedde-reng/ Wechselgesang	mel. Vorspiel u. Begl.	Szen. Gestaltung des Liedinhalts	Dreiklang, Oktave
S. 132/133 Zaubereien	Sprechspiele: Abra ..., Sprachgest.: schrippel ...	Untermalen des Zaubertextes mit Instr.	Bildgesch. szenisch darstellen	Bordun, lauter < > leiser
S. 134/135 Gespenster	Silbenspiel: ba-di-bom Stimmgeräusche	Klanggeräusche in den Pausen/ Liedbegl.	Schattenspiele mit Händen, Gespenstergest.	Fünftonreihe (Dur u. Moll) Pausengest.

Quellen

Klett	=	Ernst Klett Schulbuchverlag, Stuttgart.
Aktive Musik	=	Aktive Musik Verlags-GmbH, Dortmund.
Bärenreiter	=	Bärenreiter Verlag, Kassel.
Beltz und Gelberg	=	Beltz und Gelberg Verlag, Weinheim.
Diesterweg	=	Diesterweg Verlag, Frankfurt.
Dt. Verlag für Musik	=	Deutscher Verlag für Musik Leipzig GmbH, Leipzig.
Eres	=	Eres Verlag, Lilienthal.
Fidula	=	Fidula Verlag, Boppard.
Möseler	=	Möseler Verlag, Wolfenbüttel.
Musik für Dich	=	Musik für Dich Rolf Zuckowski OHG, Hamburg.
Volk und Wissen	=	Volk und Wissen Verlag GmbH, Berlin.

T = Text, M = Melodie, S = Satz
Tf = Textfassung, Mf = Melodiefassung

S. 6, Du bist du; T+M: Joachim Schmahl/Jürgen Lamchina; aus „Fernsehreihe des ZDF: Die Rappelkiste, Sendung: Vom Anderswerden und Sobleiben", © Autoren.

S. 7, Manchmal denke ich mir irgendwas (Gedicht); T: Josef Guggenmos; aus „Das bunterbunte Kinderbuch"; Herder Verlag, Freiburg,© Autor.

S. 8, Laß doch den Kopf nicht hängen; Tf: Jürgen Schöntges; aus „Freche Lieder, liebe Lieder", © Beltz und Gelberg.

S. 9, Wenn ich glücklich bin; Tf: Klaus W. Hoffmann; aus „Wie kommt die Maus in die Posaune?", © Aktive Musik.

S. 10, In meinem Garten, da steht 'ne Rübe; T+M: Jochen Krüger; aus „Schalmei", © Klett.

S. 12, Wir; T: Irmela Brender, M: Ingeborg Neumann, © Klett. Text aus: „Gedichte für Anfänger", © Rowohlt Verlag, Reinbek.

S. 13, Am Bahndamm wohnt der Regenmann; T: Margarete Jehn, M: Wolfgang Jehn; aus „Der blaue Fingerhut", © Eres.

S. 14, Warum spielt denn keiner; T+M: Gerhard Schöne; aus „Neue Kinderlieder", Otto Maier, Ravensburg. © Lied der Zeit GmbH, Berlin.

S. 16, Ein Nasenhuhn; T: Jürgen Spohn, M: Uli Führe; aus „Quartett 1/2 Bayern", © Klett.

S. 17, Im Land der Blaukarierten; T+M: Klaus W. Hoffmann; aus „Wie kommt die Maus in die Posaune", © Aktive Musik.

S. 18, Was wird aus unsrem Auto; T: James Krüss, M: Christian Bruhn; aus „Kinderlieder unserer Zeit", © Arena Verlag, Würzburg.

S. 19, Ich bin Müllschlucker Paul; T: Rudolf O. Wiemer, M+S: Wilhelm Keller, © Fidula.

S. 20, In einem stillen Grunde; T: Elisabeth Borchers, M: n. e. Lied von Hans Glück; aus „Wer lebt" (Gedichte), © Suhrkamp Verlag, Frankfurt a.M.

S. 21, Die Motorsäge macht viel Krach; T+M: Hans Baumann, © Thienemann Verlag, Stuttgart.

S. 21, Die zwei Wurzeln (Gedicht); T: Christian Morgenstern, grafische Gestaltung: © Klett; aus „Quartett 3 Bayern", © Klett.

S. 23, Die Angst vor Streit und Haß; T: Eva Rechlin, M: Heinz Lemmermann; aus „Die Zugabe Band 4", © Fidula.

S. 25, Seid willkommen; Tf: Lieselotte Holzmeister; aus „Die Maultrommel", © Fidula.

S. 26, Zur Begrüßung nur für euch; T: Lieselotte Holzmeister/Rolf Keßler, M: Lieselotte Rockel; aus „Musik-Praxis", © Fidula.

S. 27, Gib mir die Hand; Tf: Katharina Kemming, © Klett.

S. 27, Hambani kahle; dt. Tf: Heinz Lemmermann; aus „Die Zugabe Band 3", © Fidula.

S. 28, Heute kann es regnen; T+M: Rolf Zuckowski; aus „Singen macht Spaß", Musikverlag Sikorski, Hamburg, © MUSIK FÜR DICH.

S. 29, Ich schenk dir einen Regenbogen; T+M: Dorothée Kreusch-Jacob, © Patmos.

S. 30, Kinder, kommt und ratet; T: Fritz und Emilie Kögel, M: Heinz Lau; aus „Das singende Jahr", © Möseler. Hier: Vereinfachte Fassung für den Anfangsunterricht.

S. 31, Wenn der frische Herbstwind weht; T: Albert Sixtus, M: Richard Rudolf Klein; aus „Willkommen lieber Tag", Band 1, © Diesterweg.

S. 31, Tanze, blauer Luftballon; T: Rudolf Scholz, M: Kurt Dittrich © Deutscher Verlag für Musik.

S. 32, Oh, es riecht gut, oh es riecht fein; T+M: Christel Ulbrich, © Deutscher Verlag für Musik.

S. 32, Bald nun ist Weihnachtszeit; T: Carola Wilke, M: Hans Helmut, © Möseler.

S. 34, Sind die Lichter angezündet; T: Erika Engel, M: Hans Sandig; aus „Liederblätter", © Volk und Wissen.

S. 35, O Tannenbaum, o Tannenbaum; S: Willi Gundlach; aus „Schalmei", © Klett.

S. 35, Ding dong; T+M: Henry Kaufmann; aus „Wo wohnt der Weihnachtsmann", © Verlag Neue Musik GmbH, Berlin.

S. 37, Haben Engel wir vernommen; Tf: Willi Träder; aus „Ihr Hirten erwacht", © Möseler.

S. 38, Frühlingsblumen-Ostereier (Gedicht); T: Josef Guggenmos; aus „Oh, Verzeihung sagte die Ameise", © Beltz Verlag, Weinheim. Gestaltung: © Klett.

S. 39, Wo ist das bunte Schleifenband; T:Handrij Zejler, M: Korla Awgust Kocor, Dt. Tf: Kito Lorenc; aus „Singt alle mit", © Domowina Verlag, Bautzen.

S. 41, Als wir noch in der Wiege lagen; M: Willi Gundlach; aus „Schalmei", © Klett.

S. 42, Auf, du junger Wandersmann; Tf: Walther Hensel; aus „Der singende Quell", © Bärenreiter.

S. 43, Im Frühtau zu Berge; Tf: Walther Hensel; aus „Aufrecht Fähnlein", © Bärenreiter.
S. 43, Aus grauer Städte Mauern; T: Hans Riedel, M: Robert Götz; aus „Wir fahren in die Welt", © Voggenreiter-Verlag, Bonn.
S. 47, In unserm Wald; T: Rolf Krenzer, M: Ludger Edelkötter; aus „Mit Kindern unsere Umwelt schützen", © Impulse Verlag, Drensteinfurt.
S. 48, Das Feuer (Gedicht); T: James Krüss; aus „Der wohltemperierte Leierkasten", © Bertelsmann Jugendbuchverlag Mohn, Gütersloh. Gestaltung: © Klett.
S. 49, Flackerndes Feuer; Tf: Heidi Kirmße; aus „Mein Liederkästchen", © Volk und Wissen.
S. 49, Nehmt Abschied, Brüder; T: Claus L. Laue; aus „Laute, schlag an", © Georgs-Verlag, Neuss.
S. 50, Ich muß jetzt weit von Texas; Tf: Klaus Birkenhauer; aus „Schalmei", © Klett.
S. 50, Durch Sträucher und Dornen; Tf: Heinz Warmbold; aus „Pro Musica", © Möseler.
S. 51, Dicker Bär und Dünner Adler; T: Rolf Krenzer, M: Inge Lotz; aus „Hast du unsern Hund gesehen?", © Verlag Ernst Kaufmann, Lahr und Kösel Verlag, München.
S. 52, Kommt mit zur Bahnhofsbrücke; Tf: Jochen Krüger; aus „Schalmei", © Klett.
S. 53, Hallo, nun macht die Strecke frei; Tf: Willi Träder; aus „Pro Musica", © Möseler.
S. 55, Ich fahr mit der Post; T: 2.+3. Str.: James Krüss; aus „Unser Liederbuch 1", © James Krüss.
S. 56, Ein Traktor kommt um die Ecke (Gedicht); T: Hans Adolf Halbey; aus „Pampelmusensalat", © Beltz Verlag, Weinheim. Gestaltung: © Klett.
S. 57, Und der Bauer pflügt; Tf: Luise Leonhardt; aus „Das singende Jahr" A, © Möseler.
S. 57, Im Märzen der Bauer; Tf: Walther Hensel; aus „Der singende Quell", © Bärenreiter.
S. 60, Guten Morgen, guten Morgen; T+M: nach volkstümlichen Elementen von Peter Fuchs/ Willi Gundlach; aus „Schalmei", © Klett.
S. 61, Wenn die Sonne ihre Strahlen; T: Eva Rechlin, M: Heinz Lemmermann; aus „Die Zugabe Band 3", © Fidula.
S. 62, Leise ein Windhauch; Tf: Marianne Graefe; © Pädagogischer Staatsverlag, Prag. Satz: Sonja Hoffmann, © Klett.
S. 63, Der Mond ist so rund; Tf: James Krüss, M: Heino Schubert; aus „Unser Liederbuch 1", © Klett.
S. 64, Januar, Februar; T+M: Rolf Zuckowski; aus „Singen macht Spaß", Musikverlag Sikorski, Hamburg, © MUSIK FÜR DICH.
S. 65, Wir hassen die Sorgen; S: Willi Gundlach; aus „Schalmei", © Kett.
S. 66, Die kleinen Weidenkätzchen; T: Johanna Kraeger, M: Irmgard Krauthoff; aus „Sputnik, Sputnik, kreise", Musikverlag Hofmeister, Leipzig, © Deutscher Verlag für Musik.
S. 67, Nun will der Lenz uns grüßen; S: Walter Rein; aus „Der Musikant", © Möseler.

S. 68, Hummeln summen; T+M: Wolfgang Spode; aus „Der Ohrwurm", © Fidula.
S. 70, Brennt die Sonne; Tf: Ortfried Pörsel; aus „Die Zugabe Band 4", © Fidula.
S. 71, Es wollen zwei auf Reisen gehn; T: Erika Engel, M: Friedel Heddenhausen, © Deutscher Verlag für Musik.
S. 72, Leer sind die Felder; Tf: Gerhard Bünemann; aus „Pro Musica", © Möseler.
Sieben Schwalben; T: Ursula Wölfel, M: Heinz Lemmermann; aus „Wunder Welt", © Fidula.
S. 74, Juchhe, der erste Schnee; T+M: Karl Marx; aus „Der Jahreskreis", © Verlag Merseburger Berlin GmbH, Kassel.
S. 75, Es schneit, es schneit; T+M: Rolf Zuckowski; aus „Singen macht Spaß", Musikverlag Sikorski, Hamburg, © MUSIK FÜR DICH.
S. 76, Ich male ein Bild; T: Josef Guggenmos, M: Heinz Lemmermann; aus „Die Zugabe Band 4", © Fidula.
S. 77, Nun scheint die Sonne; Tf: Barbara Heuschober; aus „Unser Liederbuch 1", © Autorin.
S. 79, Es war einmal ein brauner Bär; T: Marianne Garff, M: Wilhelm Keller; aus „Der Sonnenkäfer", © Fidula.
S. 81, Ich weiß ein Kätzchen wundernett; M: Helmut Böhmer, © Autor.
S. 81, Es sitzen drei kleine Eulen; T+M: Margarete Jehn; aus „ Wer soll in unserm Lande wohnen", © Autorenverlag Worpsweder Musikwerkstatt.
S. 82, Kookaburra; Tf: Heinz Warmbold, ©Autor.
S. 84, Ding, dong, digidigidong; T+M: Carl Orff/ Gunild Keetmann; aus „Orff-Schulwerk" Band 1, © Schott Verlag, Mainz.
S. 85, Imse Wimse Spinne; T: Margarete Jehn, M: Wolfgang Jehn; aus „28 Kinderspiele aus aller Welt", Nr. 2, © Eres.
S. 85, Der alte Bär; Tf: Dieter Zimmerschied; aus „Kinder singen überall", © Klett.
S. 86, Janosch will nach Buda reiten; Tf: Heribert und Johannes Grüger; aus „Die Liederfibel", © Päd. Verlag Schwann, Düsseldorf.
S. 86, Lauf, mein Pferdchen; Tf: Anneliese Schmolke; aus „Schulwerk für Spiel-Musik-Tanz", Band 1, © Möseler.
S. 87, Guter alter Schimmel; Tf: Barbara Heuschober; aus „Das Singende Jahr" B, © Möseler.
S. 87, Bitte, gib mir doch ein Zuckerstückchen; Tf: Lieselotte Holzmeister, Mf: Heinz Lemmermann; aus „Die Zugabe Band 1", © Fidula.
S. 88, Drei kleine Quallen; Tf: Gerhard Schöne; aus „Das Kunterbuch", © Autor, über Eres.
S. 88, Rotlackiert mit schwarzen Punkten; M: Günter Klein; aus „Mein Liederkästchen", © Volk und Wissen.
S. 89, Der Igel wohnt unterm Reisighügel; T: Sarah Kirsch, M: Sonja Hoffmann, © Klett. Text aus: „Menschen, liebe Menschen, laßt die Erde stehn", © Der Kinderbuchverlag, Berlin.
S. 90, Mein Baum war einmal klein; T: Rolf